イーハトーブ山学校

村田　久

まえがき

春の夕暮れ時。息せき切って走り、家に着いた。おそるおそる、玄関の戸を開けた。とたん。「バカヤロー。勉強もしねぇで、いつまで山学校やってんだ。飯なんか、食うことねぇ」。頭上から、父さんの怒鳴り声が落ちてきた。ぎくっとして、目をつぶったまま立ちつくしていた。時には、痛い拳骨《げんこつ》が飛んできた。部屋でしょんぼりしていると、母さんがこっそり、お握りを持ってきてくれた。腹ぺこなので、いつもの小言も耳に入らず、お握りにかぶりついていた。たびたび両親にしかられていた原因は、「山学校」にあった。

当時、僕は小学4年生。町はずれの川岸にある家から、小学校へ通うのにたっぷり1時間は掛かった。いつも授業が終わると校門の前に、下校する方角が同じ4、5人の同級生が集まった。「山学校さ、行くべ」、誰かが口火を切った。その一言を待っていた皆は、いっせいに小走りになった。僕らには、行きつけの場所があった。通学路から少し脇道へ入ると、そこには田畑、溜池《ためいけ》、沼が点在し、林の中を清らかな沢も流れていた。さらに奥は昼でも薄暗い、うっそうとした森が広がっている。沼や池ではフナを釣り、沢にもぐりこんで、カジカやサワガニをつかまえた。前もって、笹竹でつくった延べ竿に、糸、ウキ、ハリをつけて、ヤブの中に隠して置いたのだ。腹が減ったら森や林に分け入ると、春から秋にかけてヤマグワ、キイチゴ、アケビ、ヤマブドウ、サルナシなど、様々な木の実を食べることができた。でも決まって、家へ帰る時間を忘れた。夏場には、家のそばの川に入り浸りだった。短い延べ竿に毛バリをつけ、川面を流すとハヤ、オイカワが飛びついてきた。夢中になっていて、カナ、カナとヒグラシが鳴いているのも気づかなかった。

僕には二つの学校があった。一つは勉強が本分の学校。もう一つは、野あそびの山学校。しかし、山学校をいくら親にしかられても、止めることはできなかった。そのせいで山学校を、この年になっても、ずるずると引きずっているわけなのだ。

イーハトーブ山学校　目次

2016年

2017年

2018年

2019年

挿画　幸山義昭

2016年

アユを追うヤマメ―2015年7月のこと

家から近い砂鉄《さてつ》川へ、アユ釣りに出かけたのは7月の初めだった。川岸にある「種アユ屋」でオトリに使うアユを2尾求めた。

アユは石につくコケを食べ、そこを自分の餌《えさ》場として守り、他のアユが侵入してくると体当たりして追っ払う。その習性を利用して、オトリのアユにハリを仕掛け、餌場に送り込んで、体当たりしてくるアユをハリに引っ掛けようというのだ。「友釣り」といわれる漁法だ。家を出るのが遅かったせいで、一関市大東町《だいとうちょう》の摺沢《すりさわ》地区の良い釣り場には先客がいて、どこもふさがっていた。仕方がなく、空き場所を見つけて入り込んだ。そこにはアシ原が広がり、対岸に木立の茂る低い崖が見えた。

どんよりした空で、少し肌寒かった。手始めにと、川底に大きな岩が沈んでいる緩やかな深い流れに、オトリのアユを潜り込ませた。と、「ダダッ、ダーン」。いきなり竿《さお》先が引きこまれ、弓なりになった。グイグイと下流に、突っ走っていく。重い。強烈な引き。糸

釣り上げた大ヤマメ。オトリのアユは 18 センチぐらい

が切れそうだ。じっとこらえた。スーと、魚が水面に浮き上がってきた。

おや？　アユではない。ハリに掛かったのはヤマメだ。そろそろと引き寄せ、慎重にたも網ですくいとった。以前、ヤマメがアユを追い回す光景を目にするのは珍しいことではなかった。夏にふらりとやってきて、わが物顔にふるまうアユが、ヤマメには気にくわなかったのだろう。空が明るくなり、川面に日差しが入りこんできた。「ジャー、ジジ、ジャー」。林の奥からセミが鳴き出した。

釣り上げたのは…　―2015年9月のこと

9月に入った。夜明けの6時。客8人を乗せた釣り船は、大船渡市三陸町小石浜《こいしはま》の港から出船した。軽快な船脚が、ふいに止まった。

「さぁー、いいぞ。やってくれ」

船頭さんの元気な声が合図だった。釣りの客はいっせいに、生きたカタクチイワシをハリにつけ、オモリと一緒に海底に落とした。しばらくして、隣にいる友人の竿が大きく引きこまれた。僕は自分の竿を船べりに立てかけ、そばのたも網を手にした。海面を割った、型のいいヒラメをたも網ですくったら、彼の顔がほころんだ。

自分の場所に戻った。あれっ、サオがない。よく見ると、尻手《しって》ベルトにつけたナイロン製のひもが、海中に延びている。サオの握りにつけたベルトに尻手のひもをつけ、もう一方を船べりに結んでおけば、海に落下しても回収ができる。ピンと張ったひもを、そろそろとたぐり寄せる。竿が見えた。竿をつかんで上げようとしたが、ぴくりとも動かない。

竿までも引きずりこんだ1メートル超のスズキ

少し強く引っ張ったら、グーと引きこまれた。様子がおかしいと、数人の釣り客が、僕の手元をのぞきこんでいる。

「タコでねぇのか」と、船頭さん。じりっ、じりっとリールを巻く。重い石を引っ張り上げてるようだ。やがて白い魚体が、ぶわーと浮かび上がった。素早く船頭さんがたも網ですくい、船内に持ち上げた。

「うわー、スズキだ」。客のひとりが大声を上げた。カタクチイワシを食い、竿までも海中に引きずりこんだ正体が、スズキとは。

僕はあっけにとられて、目の前にどたりと横たわるスズキを、ぼんやり眺めていた。

カモメの急襲―2015年12月のこと

暮れになると、どうしても釣り上げたい魚があった。それは年越しに食べる、ナメタガレイだ。12月の海は、荒れる日が多かった。三陸沖を低気圧が通過した4日後、船が出せるとの連絡で、釜石市の佐須《さす》港に駆けつけた。

唐丹《とうに》湾の外海はまだ波が高いのか、港近くの湾内から釣り始めた。しばらくたつが、誰の竿にもナメタガレイは釣れてないようだ。寒い。手の指がかじかんで、うまく餌のイソメをハリにつけられなかった。船頭さんは何度か場所を変えた。移動すると、しつっこくカモメの一団がついてきた。その時、クイッと竿先がおじぎした。とっさに腕を上げたら、ググッ、グーと竿先が引きこまれる。来た。

ゆっくり、糸を巻き上げていたら、ふわっと海面に魚体が浮いてきた。よし、ナメタガレイだ。引き上げようとした瞬間、横合いからなにか飛んできた。カモメだ。イソメがついているハリごと、飲みこんでしまった。カモメは、ハリをはずそうとバサバサ飛び回っ

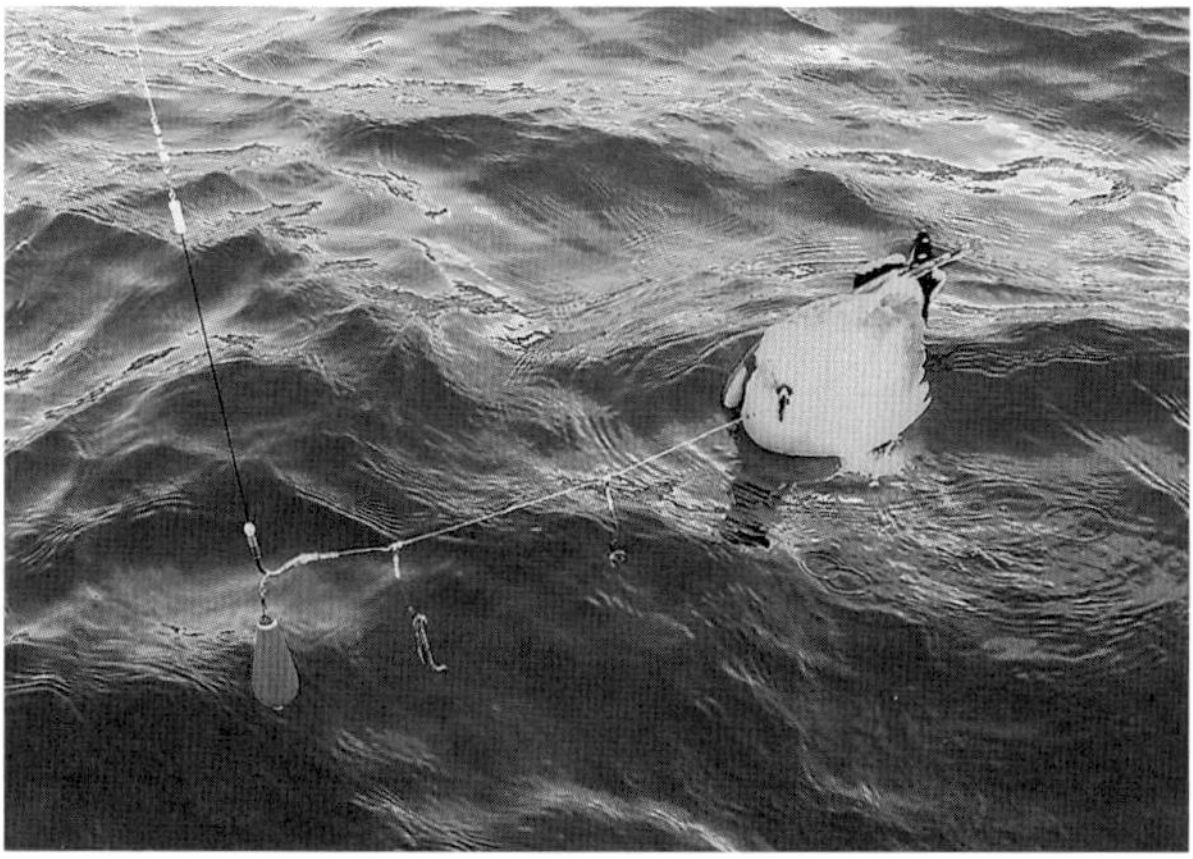

ハリごとイソメを飲みこみ、大暴れしたカモメ

た。と、せっかくのナメタガレイが、ぽろりと海に落ちてしまった。カモメを引き寄せハリをはずそうとしたら、バサバサと飛び回り、鳴き騒いで僕の頭や腕にかみついた。痛い。

「早く、糸を切って」、仲間のKさんの大声に、はさみで糸を切った。すっとカモメは、どっかへ飛び去った。カモメの喉《のど》に刺さったハリを無理に引き抜くと、深く傷つける恐れがあった。放っておけばハリは、自然にとれるというが…。でもカモメが心配だった。その後ナメタガレイは、1尾も釣れなかった。それにしてもカモメを釣るのは、もうこりごりだ。

9月のアメマス―2015年のこと

5年前に大地震が起こり、再び三陸の川へ足を踏み入れたのは2年後であった。大津波による惨状を見るのが、怖かったのだ。ヒカリもヤマメもめっきり魚影が減った。

9月の末。川釣りができるのも、あとわずかとなった。これまで川へ出かけても、空振りの日が続いた。それでもせめて、ヤマメの1尾でも釣って、今季を締めくくりたかった。そんな折に「最後ですよ。いきませんか」、友人のKさんから誘いがあった。その言葉に促されて、重い腰を上げた。

向かったのは、釜石市の唐丹湾に注ぐ熊野川。大津波にのみこまれた、河口の下荒川、荒川の集落は荒れ地のままだった。ふたりは黙りこんで、そこを通り抜けた。上荒川の上流から川岸に下りた。毛バリを使ってみたが、まるっきり反応はない。彼からブドウ虫を分けてもらい、餌釣りに替えた。しばらく釣り上ると、大きな岩を抱えた、とろっとした深い流れにぶつかった。ブドウ虫を放りこんだ。いきなり竿先が、ガタガタと揺れた。竿

釜石市の熊野川で出合ったアメマス

先を立てたが、大きく曲がりっ放しでそのままゴトゴト川底を這《は》い回った。ヒューと糸が走る。じっとこらえていたら、魚の動きが弱くなってきた。少しずつ竿先を上げていく。魚が水面で、激しく水音を立てた。そのうち、スーとおとなしくなった。

「アメマスですね」と、飛んできた彼が、素早くたも網ですくい取ってくれた。アメマスとは、久しぶりの出合いだった。今日は、何かいい事がありそうだ。アメマスを流れに戻してやると、ふたりは、さらに上流へ向かって竿を振りこんでいった。

初釣りは「ヒカリ」から

まごまごしているうちに、3月がやってきた。川釣り解禁だ。待ってましたと釣り人は、思い思いの川へ繰り出していることだろう。若い時分はカンジキを履いて、雪と氷に埋もれた山奥の谷川へ分け入ったこともあった。しかし体力のない今は、そんな無茶はできない。行くとすると、海辺の川になる。残雪は少なく歩きやすいので、足慣らしにもってこいなのだ。狙うは、「ヒカリ」「ヒカリっこ」と呼ぶサクラマスの子。流れの中でキラキラ光が点滅し、釣り上げると手のひらに、光のかけらみたいなうろこが張りつく。そんなことから、ヒカリの名がつけられたとも言われる。

このところヒカリは、さっぱり釣れなかった。そろそろ大当りが、出そうな気もするのだが。

今年は雪かきも楽で暖かな、しのぎやすい冬となった。でも気掛りなことがある。山に積もった雪は、ちょっぴり。これでは、山の栄養分が詰まった雪どけの水は、わずかだろ

毛バリをくわえたヒカリ（2015年の盛川で）

う。流れはやせ細り、水不足も心配になる。

昔は、もっと雪が降り寒かった気がする。川の岸辺には薄氷が張り、歩くとパリパリ割れる音がした。ふぶく中で、流れから竿を上げると糸についた水滴が、たちまち凍りつきコチコチになった。それを口でなめ、とかしては竿を振った。餌のミミズも凍った。息を吹きかけ、手のぬくもりで温めたりもした。

さて今年は、どんなドラマが待っているのだろうか。まぁ、あせらず、ぎっくり腰にならないよう、のんびりと歩いて行くつもりです。

雪が舞う解禁日

3月1日。朝、6時。家を出たら、周りは真っ白で、風交じりの雪が舞っていた。穏やかな昨日と打って変わって、今朝は荒れ模様となった。薄明かりの雪道を、用心しながら車を走らせていく。

一関市の大原経由から矢作《やはぎ》川へ抜ける山道は、土砂崩れで通行止めだった。それで遠回りになるが、気仙沼市へ向かった。気仙沼の町中もふぶいていた。唐桑町《からくわちょう》を走り抜け、陸前高田市に入りこんだ。風まじりに、雪が舞っていた。気仙川沿いに上手へ走るが、竿を出している釣り人の姿は見かけなかった。いつもなら竿が並ぶ場所ものぞきこんだが、がらんとして誰もいない。いくら雪が降ろうと、今日は川釣りの解禁日ではないか。

世田米《せたまい》の上手、緩やかな流れの前に車を止め、釣りの支度をした。川底の石が滑るので、そろりそろりと流れに立ちこんだ。身を切るような風が吹いてくる。しばらく竿を振ったが、ぴくりともしなかった。ここに見切りをつけて、矢作川へ回った。川岸にうっすらと

雪が舞う中で迎えた解禁日。さすがに寒い

雪が残っていた。寒そうなネコヤナギが淡い光を放っている。当たりはなく魚は釣れなかった。前方に釣り人の姿が見え、竿をたたんで引き上げるところのようだ。

近づいて、釣れましたかとたずねた。

「3月の雪はきついよな。こんなに寒いとよ。魚だって餌を食う気がしねぇさ。水、ぬるくなんねぇとだめだ」

彼は渋い顔をして、そそくさと去っていった。時折、ざぁーと竿を吹き飛ばすような雪まじりの風が、体にぶつかってきた。

甲板に尻もち

川釣りが解禁になって、3度出かけたが、どの日も魚は釣れずに、すごすご帰った。そんな折に、宮古市の友人からタラ釣りの誘いがあった。沖合いのタラ釣りは、海が荒れることが多く、これまで二の足を踏んでいた。だけど釣りたてのタラの白子と、ちり鍋のおいしさは、たまらない魅力があった。

この際だと、思い切って腰を上げた。曇天の朝、7時。磯鶏《そけい》の港から、釣り船は出漁した。波は静かだが、時折冷たい風が吹いた。この日、乗り合わせたのは、顔見知りの釣り仲間が6人だ。

僕はサンマの切り身での餌釣りだが、皆は小魚に似せてつくった金属のジグでの、ジギングという釣り方。今、これが主流になっているそうだ。宮古湾を抜け出たあたりで、エンジンの音が止まった。船頭さんの合図で、仕掛けを海中に落とした。深さは90メートルほど。間もなくしてジギングに、ぽつりぽつりと掛かりはじめた。こっちの竿は、沈黙し

釣り上げたのは丸太ん棒のようなタラ

たままだ。「タラは底についとるよ」、船頭さんの指示で、おもりを海底付近まで下げた。

いきなり、ダダン、ダンと竿先が曲がり、海中に突き刺さった。慌《あわ》てて竿先を上げ、リールを巻こうとしたが、逆に糸が引き出されていく。こらえて踏んばった。わずかに糸が巻けても、また引き戻された。腕が重い。少しずつ、ゆっくりとリールを巻いた。ふっと軽くなり、海面に白い魚体が浮かび上がった。たも網を構えていた船頭さんが、がっちりとタラをすくい取った。僕は甲板に尻もちをついたまま、丸太ん棒みたいなタラを見つめていた。

4月のヒカリ

もたもたしていたら、4月に入っていた。ぽかぽかした陽気が数日続いた。こんな日を逃す手はない。矢作川、気仙川を素通りして、世田米から峠越えで盛川《さかり》に向かった。今日は連れはなく、ひとりだった。長安寺《ちょうあんじ》付近で、広くなっている路肩に車を寄せた。土手の斜面の真っ赤なヤブツバキの花が、日の光を浴びて、あでやかな色を放っている。

川岸に下り、アシ原の中の浅い流れに立ちこんだ。狭い流れだが風もないので、アシにハリを引っかけることもなく、どうにか竿は振れた。足音を立てないで、一歩進んでは流れに餌を落としていった。ふらっ、ふらっと目印が揺れた。すっと腕を上げたら、ギラッと水面が光った。ふわっと竿先が軽くなった。あー、ばれた。あの、きらめき。ヒカリ?

アシ原が切れて、緩やかな流れに、ぽつぽつと大小の岩が顔をのぞかせている。岩の陰に餌を放りこんだら、ポショッと水がはじけた。竿先を上げたら、小さなヤマメが水面を転がってきた。もう1尾、大げさな引きの割に、同じようなヤマメが出た。足早に釣り上っ

ヒカリ(上)とヤマメ

て行った。少し汗ばんできた。対岸のとろっとした流れに、竿を振ったら目印がふっと、立ち止まった。と、ククン、クンと竿先がおじぎした。いきなり引きこまれ、白い光が流れの中に走った。水しぶきが上がった。こらえて竿を立て、慎重に寄せ、たも網ですくった。光の衣をまとったヒカリ。まだ海に帰らないで、うろうろしていたのだ。おかげで、やっと出合うことができた。

桜の時季に

桜前線が駆け足でやってきた。以前、花の時季になると、しばしば足を延ばした川があった。そこは大船渡市三陸町の熊野川で、下荒川の集落から川に沿って、十数本の古木の桜並木があった。ぶらぶら歩きながら、桜の花を眺めては魚を釣った。とても、のどかな気分になれた。たまに桜の花びらが風に運ばれ、体にまつわりつくこともあった。ところが、桜並木は、あの大津波にのみこまれて跡形もなく消えた。

4月の半ば、せっかくの花見時だ。どっかで桜の花を見ながら、竿を振りたいものだ。目当ての場所があった。大東町大原の峠を越えて海の方へ向かった。陸前高田市の矢作川支流、生出川《おいで》沿いに上り、民家もまばらな道の脇に車を寄せた。上天気の今日は、川虫に似せて鳥の羽根で巻いた毛バリを使うことにした。ザックを背負い、土手から川に下りた。底石まで見える澄んだ流れに、毛バリを落としていった。ここぞと思う場所を、ていねいに探った。岩の周りで、ピチャッと水がはじけた。竿先を上げたが空振りだった。小さな

矢作川支流の生出川。日傘のように１本の桜が枝を張り出していた

ヤマメが、毛バリにじゃれついたのだろうか。それっきり、魚の気配はなかった。

しばらく釣り上ると、狭い流れがカーブしていて、そこは竿を振らずに回りこんだ。

目の前の流れに、１本の桜が岸辺から枝を張り出していた。満開の桜は、まるで薄紅《うすべに》色の日傘を広げたようだ。ザックを肩からはずし、ほんのりとした花の下の川原に座りこんだ。さぁーと、下手から風が吹いてきて、桜の花をなでていった。

ヤマブキヤマメ

4月の終わり。遠野市の猿ケ石川《さるがいし》沿いの桜並木は、咲き始めたばかりだった。町並を離れ、立丸峠《たつまる》から曲がりくねった山あいの道を下ると、小国《おぐに》の集落が現れた。江繋《えつなぎ》を通り抜け堂道《どうどう》あたりで、小国川の流れが間近に見える旧道に入りこんだ。少し出っ張っている路肩を見つけて、車を寄せる。昼飯を突っこんだザックを背負い、川岸に下りた。風もなく、真っ青な空に綿飴《あめ》みたいな雲が浮かんでいた。

川の中を歩きながら、竿を振った。川面から日差しの照り返しが、まぶしかった。岸辺のやぶや土手の斜面に、黄色の絵の具をまき散らしたような、ヤマブキの花が咲いている。

そういえば、子ども時代の遊び道具に、ヤマブキテッポウがあった。12、3センチの長さに切った笹竹が、鉄砲の筒になり、弾はヤマブキの茎の芯を抜いて使った。また釣りの目印として、黄色に色づけされたヤマブキの芯が、昔釣具店で売られていた。

大分釣り上っていた。生い茂る草が、岸辺の流れに垂れ下がっている。その脇に、ぽと

ヤマブキが咲くころに釣れる「ヤマブキヤマメ」

りと毛バリを落とした。いきなり、もこっと水面が盛り上がって、白い魚体が毛バリにおおいかぶさった。一気に魚は、上手に走り出した。ギラッギラッと、流れの中に光がきらめいた。竿を立て引きをこらえていたら、少しずつ魚は足元に寄ってきた。手早く、たも網ですくい取った。おー、「ヤマブキヤマメ」だ。

ヤマブキの花が咲く時季に釣れる、まばゆいヤマメを賞讃して釣り人は、ヤマブキヤマメと呼ぶことがある。

厄介《やっかい》な「あいつ」

5月の連休明け。「カレイ、釣れはじめたようです」と、釣り仲間の一人から連絡をもらった。実は、この日を待っていた。春先の海は荒れ、まだ寒いので出かけるのは、毎年暖かくなってからだった。宮古市重茂《おもえ》の港に集まった顔見知りのほとんどは、僕と同じ今日がカレイの初釣りのようだ。6時出漁。

雲の切れ間から、朝の光が海上に降り注いでいた。時々、体を舐《な》めるような気掛かりな風が吹いてきた。

「これぐらいで、すめばいいんですけど」

隣に居るKさんが、心配そうにつぶやいた。

船の速度が落ち止まった。船の前方に、芽吹きの半島が横たわり、煙るような黄緑色の樹木が目に染みた。「来たっ」。ぼやっとしていたら、Kさんの声が上がった。見ると、早くも竿先がガタガタ揺れている。海面を割ったのは、良型のヒガレイだ。彼の顔が、にんまりしている。

ダブルで釣れたヒガレイ

よそ見をしていたら、ズ、ズンといきなり僕の竿先が沈んだ。底にもっていく引きに、何度かリールの糸を緩めた。少しずつリールが巻けた。のっそりと姿を現したのは、ごっついナメタガレイだ。文句を言うわけではないが、できれば冬場に釣れて欲しいものだ。続けざまとはいかないが、ぽつぽつとカレイだけでなく、アイナメ、ソイ、タコまでも釣れた。今日は、ついている。

その時、バン、バンと突風が体にぶつかってきた。「あー、厄介《やっかい》なのが、やってきた」。顔をしかめてKさんが、こっちを見た。海面に白波が立ち、まるでウサギが飛び跳ねているようだ。こうなったら、うねりとの勝負だ。僕は帽子を、深くかぶりなおした。風はますます強くなってきた。

山菜とイワナ

この日、秋田との県境が近い、岩手県側の胆沢《いさわ》川上流域にもぐりこんでいた。「ウィーン、ウィ、ウィーン」。谷間からセミの鳴き声が、染み出していた。ヒメハルゼミだろうか。震えるようなセミの声に包まれて、谷川の奥へと踏みこんでいった。竿を振っていても、川岸のやぶや斜面に、つい目がうろうろしてしまう。あちこちにヤマウド、ワラビなどが、採ってくれとばかりに顔を出していたからだ。魚は釣れないが、山菜を詰め込んでいたザックは、少しずつ重くなってくる。

と、岩の陰からちょろろっと黒い影がのぞいた。あっと腕を上げたが、毛バリは空に浮いていた。うっかり、合わせが遅れてしまった。

どっちつかずはまずいと、山菜採りを止《や》めて釣りに集中した。ふいに甘い匂いが漂ってきた。見上げると、崖《がけ》にしがみつくように、淡い紫色の藤の花が垂れ下がっていた。上るにつれ、谷間は狭まって、樹木が空をおおい隠した。谷の傾斜がきつくなり、何度も立ち止まった。

採ってくれとばかりに、ワラビ

木漏れ日の転がる流れに、毛バリを放りこんでいった。光の玉がくだけて、小さな水しぶきが立った。とっさに、竿先をはね上げた。「トン、トトン」。竿先が揺れ、引きこまれた。掛かった。ゆっくりと、リールの糸をたぐりながら、足元に魚を引き寄せた。イワナは小粒ながら、きりっとした魚体に白点が光り、ここで生まれたことを語っていた。そっと流れにイワナを帰してやった。さらに釣り上った。

じっとりと汗ばんできた。少し疲れた。岸辺に腰を下ろした。谷間を涼しげな風が渡ってきた。夏は、もうすぐだ。

山釣り

気がついたら季節は、芽吹きから新緑へと入れ替わっていた。いよいよ、「山釣り」の到来だ。山釣りは釣り用語で、深山の夏の谷川が舞台である。そして、山釣りにふさわしいのはイワナなのだ。

暑い日が続いていた。向かったのは、早池峰山の麓《ふもと》を流れる薬師《やくし》川。遠野市の荒川沿いから、山あいの道を上ると荒川高原に抜け出た。広々とした牧草地に、放牧された馬の群れが見えた。この辺りから道は下りになり、薬師川に着くまで対向車と出合うことがなかった。

川の上流へ走ると、山際に少し路肩が広くなっている草地が見つかり、張り出した樹木の枝が日陰をつくっていた。そこに車を頭から突っこんだ。釣り支度をして、木立の中へと踏みこむと、沸き上がるような、セミの鳴き声につつまれた。やぶをかき分け、木の枝にすがりつきながら、そろそろと崖の斜面を下った。汗みどろになって、やっと谷底に降

クリーム色の花を咲かせていたヤマオダマキ

り立った。すーと、涼気が体に貼りついてきた。たちまち汗が引いていった。

谷間を埋めるように山が迫り、枝葉の間から明かり窓みたいな青空がのぞいていた。毛バリを振った。岩を越え、足にからみつく流れを、ザブザブと踏みつけながら釣り上っていった。大分歩いたが、山釣りの主役であるイワナは釣れなかった。どっと疲れが出て、岩陰に座りこんでしまった。ふと気がついた。目前の草むらに、ヤマオダマキの花がほのかな光をともしていた。「どうしたんだ」と、こっちをうかがっているようにも見えた。なにくそ、もう一踏んばりと僕は腰を上げ谷の奥へと歩き出した。

初アユ

7月1日。やってきたアユ釣り解禁。

薄明かりの早朝。向かったのは、家から一っ走りの釣り場、砂鉄川だ。摺沢《すりさわ》地区に入ると、川沿いの路肩に、ぽつぽつと車が止まっている。昨日から泊まりこんでいるのだろう、川原にテントも張られていた。いい場所は、どこも予約済みだ。上流の、少し広い道の脇に車を寄せ、釣り支度をした。アシ原を抜けたら、対岸に森が見える、開けた流れの前に出た。周りに、釣り人の姿は見当たらない。ここは、空席のようだ。急いで、かついできたオトリアユを入れた缶を、岸辺の流れに沈めた。びっしょり汗をかいていた。

ザックや釣り道具を下ろし、アシの根元に座りこんだ。年を取ると、荷物運びがきつかった。荒い息が、なかなか収まらないのだ。夜は明けているが、曇りのせいで日差しは届かず、肌寒かった。セミの声も聞こえなかった。

5時になった。アユ釣りの開幕だ。ハナカンをつけたオトリのアユを、流れに放った。

砂鉄川の若アユ

すぐにアユは掛かるはずだと期待したが、当てがはずれた。野アユの追いはなく、オトリアユがぐったりしたので、下手のゆるやかな瀬に移動した。いきなり、ツ、ツツーと目印が走った。一気に竿先が引きこまれた。来た。ゆっくり、大事にアユを足元に寄せ、たも網につるしこんだ。ふっと、いい香りがした。
　清らかな初アユに、ちょっとの間見とれていた。そのとき、カッと日の光が川に差しこんできた。たちまち流れが、きらめきだした。暑い夏が戻ってきた。

希少エゾウグイ

7月の半ば。この日、すっぽりと樹木に埋もれた西和賀の谷川を、釣り歩いていた。ひとりではなく、東京在住の友人のNさんと一緒だった。葉っぱの緑が溶けこんだような流れに、ふたりは前になり後になったりして、互いに目が届く距離を保ちながら、竿を振っていた。森が深い、この辺り。どこからか、ひょいとクマが出てきそうで、時々立ち止まっては鈴を振り鳴らし、周囲に目をやった。

前を行く彼が、そっと足を止め腰を屈《かが》めた。目前の流れに、倒木の太いブナが沈みこんでいて、とろりとした水たまりになっている。彼は膝をついたまま、そこへ毛バリを放りこんだ。小さな水しぶきが立った。

「あれー、なんだ。これウグイだよ」

魚を引き寄せた彼は、がっかりした声を出した。ウグイ？　ハヤとも言うが。はっと思い当たった。急いでウグイを逃がそうとした、彼の手を止めた。もしかして、以前耳にし

西和賀町の谷川で出合ったエゾウグイ

たエゾウグイなのでは。見ると上唇《うわくちびる》が下の唇より長く、エゾウグイの特徴とぴったりだ。
「なるほど、普通のウグイと違いますね。こんな山奥にいるなんて、不思議ですね」
後日、Nさんからはがきが届いた。忘れられない旅になりました。という書き出しから、エゾウグイのことに触れていた。岩手県では洋野町、久慈市、岩泉町、旧沢内村などに生息は認められるが、数は減り危機的なので、「希少野生生物」として「いわてレッドデータブック 岩手の希少な野生生物 ｗｅｂ版」に掲載されているという。文面は、来年もエゾウグイにあいたいものです、と結んでいた。

馬淵川のアユ

二戸市へ、1泊2日の旅をした。目的は二つあった。折爪岳《おりづめ》に生息する、ヒメボタルを見ること。そして四十数年ぶりとなる、馬淵川《まべち》でのアユ釣りだった。時期が遅いためヒメボタルの数は少ないものの、魅惑《みわく》的な光の点滅に、時間を忘れ長い間立ちつくしていた。

次の朝、「種《たね》アユ屋」でオトリアユを買った。おやじさんは「よくねぇ」と、正直に言った。川沿いを走りながら、地元の釣り人を探した。居れば、そこは少しは見込みがあると思えるからだ。安比《あっぴ》川が流れこむ馬淵川の上手に、ぽつんと釣り人の姿が見えた。よしと、僕は下流に下って、「馬仙峡《ばせんきょう》」の奇岩が望める浅い流れの前に出た。すぐにオトリアユを放してみたが、追いはなかった。

さっきから、対岸の流れが気になっていた。低い崖《がけ》が川に落ちこんでいて、早い流れの中にちょこちょこと岩が顔を出している。用心して足元を確かめながら、流れを横切り対岸に渡った。オトリアユを放ったら、ふらつきながら岩の陰へ消えていった。と、「ガガン、

馬淵川から馬仙峡を望む

ガン」。いきなり竿先が引きこまれた。掛かった。疾走するアユに引っ張られ、僕はよたよたと流れを下った。緩やかな流れで、アユの動きが弱まりたも網につるしこんだ。ふー、いい型だ。やっと馬淵川のアユに出合うことができた。それから一息つく間もなく、2尾、3尾と立て続けに野アユが竿先を震わせた。

アユに引きずり回され、息が切れ汗だくになっていた。日差しが強い。「ミーン、ミン、ミン、ミーン」。ミンミンゼミの鳴き声が、周囲の森から沸き上がっていた。北の川は、夏真っ盛りだ。

まだ終わっていない

8月23日。台風は三陸沖を通り、北海道へ抜けていった。局地的大雨のせいで川は増水、田畑や道路が冠水した地域も出た。この台風で、アユ釣りは終わったと、竿をたたんだ釣り人もあったようだ。僕は未だ、そんな気になれなかった。

台風が去って4日が経った。そろそろ川は落ち着き、コケをあさるアユもいるのではないか。駆けつけたのは、陸前高田市の気仙川。ほとんどの川の「種アユ屋」は店を閉めているので、オトリアユが手に入るか心配だった。

オトリアユが残っている、「種アユ屋」をようやく、探すことができた。

「俺ん所もよ、すぐ店じまいだ。どうせ売れ残りだからよ。1尾、おまけにしとく」と、店の旦那《だんな》は、注文した2尾に1尾を加えてくれた。川を眺めて行くと、嬉《うれ》しいことに、ちらほら釣り人が竿を出しているではないか。横田町、舞出《まいで》の上手に入りこんだ。水位は、まだ少し高い。それに川底の石は大雨の濁流に磨かれ、コケがまったくついてなかった。

気仙川での釣果は３尾

深場の底石にならず、コケが残っているかもしれない。緩やかな深い流れを見つけて、オトリアユを送りこんだ。しばらく粘ったが、アユの追いはなかった。移動した小さな淵の流れで、グンという引き込みが来た。突っ走る掛かりアユの強引さをこらえて、岸辺にゆっくり寄せた。たも網に入れて、ほっとした。それから2度、場所替えをした。1尾、2尾と拾い釣りをしてたら、へとへとになった。灰色の雲が晴れ、かっと暑い日差しが川面に降り注いできた。セミも鳴きだした。アユの夏は、まだ終わっていない。僕は上手へ、重くなった足を踏みだした。

カワシンジュガイがいる川

40年ほど前。はじめて岩泉町の安家川《あっか》へ、足を踏み入れた。暑い夏の日だった。大平《おおだいら》という集落にさしかかった時、前方から何か笑い声が届いてきた。道路を曲がると木立が開けて、川の流れが現れた。流れの中で、10人ばかりの子どもらが水を掛け合い、もぐったり泳いだりしていた。

「学校にはよ、プールがねぇんだ」

土手に座っていた老人が、教えてくれた。夏休みになると集落の人たちは、川岸の草を刈り川底のごみを取り除いて、川にプールをつくるのだという。目の前の高台に、「大平小中学校」（2008年閉校）の屋根が見えた。澄み切った岸辺の流れには、ちょろちょろとカジカが走り、ヤマメが群れていた。僕は子ども時代の懐かしい光景を、まのあたりにして老人のそばに座りこみ話しこんでいた。

安家川のとりこになり、何度か足を運んでいるうちに、知り合いが増えていった。そし

安家川のカワシンジュガイ

て、わかったことがあった。安家川の清流に生息する、二枚貝のカワシンジュガイ観察記録をとり、地元民と一緒に保護活動を続けていたのが、大平小中学校の児童、生徒らであった。長い年月の間に川の環境が悪くなったり、洪水に見舞われたこともあった。それでもカワシンジュガイは、しぶとく生き長らえてきた。

今年もカワシンジュガイに合うため、夏の終わりに出向く気でいた。その矢先、台風10号が岩手県を襲った。宮古、岩泉、久慈などの市や町に大打撃をもたらした。川が氾濫《はんらん》、道路はずたずたになり、尊い命まで奪われた。岩泉町では、大平をはじめ、多くの集落が孤立した。カワシンジュガイは、どうなったのだろうか…。この秋は、つらい安家行きが待っている。

未練の夏

台風10号で、アユ釣りはとどめを刺されたと、おおかたの釣り人が思ったに違いない。でも釣り人はいろいろで、しつっこく諦めない者や、止めるのが惜しくて、吹っ切れない僕みたいのもいる。川釣りができる9月も、日数が少なくなってきた。

からりと晴れた日。どこへ行こうか？　当てがないまま、とりあえず家を出た。北へ向かい、水沢の町中に入りこんだ。ふと思い出した。しばらく遠ざかっていた、アユの川があった。江刺の町を過ぎ、山越えから田瀬湖畔を走り、遠野市の宮守《みやもり》に抜けた。鱒沢《ますざわ》、荒《あら》谷前《やまえ》、綾織《あやおり》と猿ケ石川の人気のあるアユ釣り場を眺めても、どこにも釣り人の姿は見当たらなかった。もしやと思って、川沿いの「種アユ屋」に立ち寄ってみた。「種アユは終わりました」と、ドアに張り紙があった。実を言うと車には、ちゃっかりアユ釣り道具を積みこんでいた。もしかして、どっかでアユ釣りができるのでは…。そんな未練たらしい気持ちを、すてられなかったのだ。

猿ケ石川の上流域

猿ケ石川のアユは断念して、土淵《つちぶち》の「伝承園」に立ち寄り、「焼もち」を2個買った。イワナかヤマメを狙おうと、上流の上附馬牛《かみつきもうし》へ走った。森の中の清らかな流れに、毛バリを放りこんでいった。いくら、丁寧に探っても魚の手応えはなく、谷間はひっそりしていた。魚たちは、どこかへ雲隠れしたみたいだ。昼は、とっくに回っていた。魚が釣れないと、よけい腹がすく気がする。川岸に腰を下ろし、ザックから焼もちを取り出した。かぶりついた。黒砂糖の甘さとクルミの香ばしさが、じわーと口の中に広がった。その時、なにか森の奥で鳴き声がした。耳を澄ますとセミが、とぎれとぎれの、か細い声で鳴いていた。夏を惜しむかのように…。

本命はヒラメ

このところ、海釣りは不調だった。まだ海水温が高く、カレイ、アイナメなどの食いは鈍かった。ヒラメも、よくないと言うのだ。

「いやー。駄目だな。1人1尾、釣れるかどうかだ。出れば、でけぇがな」

どこの釣り場も、似たような状況だった。それでもヒラメ釣りに行きたがるのは、一度味わったら忘れることができない、強く荒々しい引きにあった。もちろん食べては、すこぶる美味である。ヒラメが釣りたかった。たとえ1尾でもいい。そんな思いの仲間が6人、船に同乗していた。

どこへ向かうのか、船は夜明けの海をひた走る。曇り空だが、風もなく、波は穏やかだった。ずいぶん遠くへ来たなと、思っていたら急に船脚が止まった。左手に宮古湾口の半島が見えた。釣り支度で、にわかに船上が、慌ただしくなった。「よおー、いいぞ」、船頭さんの合図で、一斉に餌のカタクチイワシが、海中に投入された。と、ダダン、ダン。いき

釣り上げたのはイナダ

なり竿先が海中へ突き刺さんばかりに、大きく曲がった。来た。ヒラメか…。重い。少しずつリールが巻けた。海面に青白い魚体が浮かんだ。船頭さんは、イナダと言ってすくい取った。昔は余り見かけなかったイナダだが、最近よく釣れて、出世魚とも呼ばれ、ワカシ、イナダ、ワラサ、ブリとなる。

船上が時折、ざわめいた。ヒラメではなくイナダに引きずり回されているのだ。新しいイワシをつけ替えた。今日のイナダは、迷惑でしかない。本命はヒラメなのだ。僕は竿の先を、じっとにらみつけていた。

カレイの大釣り

どうも、まだカレイの食いつきがよくない。それでも時間をつくって、海へ出かけて行く。いつ釣れるか。わからないのが釣りだから…。

釜石湾に面した、尾崎白浜《おざきしらはま》漁港。波も静かな釣り日和だ。しかし仲間の誰もが、浮かぬ顔つきをしている。「昨日、6人でカレイ7尾だって」、隣り合わせのKさんが、僕にそっと耳打ちした。船頭さんが、今日も釣れないだろうという、予防線を張ったようだ。

船が止まり、釣り開始のブザーが鳴った。リールの糸がからんで、もたもたしていたら背後で、「きたー」と声が上がった。竿先が、ガタガタ揺れている。釣れたのはマコガレイのダブルで、大型だった。やっと仕掛けを海底に落とした。2度、3度しゃくったら、トン、トトンと竿先がおじぎした。スーと竿先を引き上げる。ググーンと一気に引きこまれ、竿先がガクガク揺れた。海面に浮き上がった魚体を船頭さんが、ヒガレイと言って、たも網ですくってくれた。カレイの食いは活発だった。続けて2尾目が来た。荒々しい引

ヒガレイ(写真)にマコガレイ。この日は面白いほどよく釣れた

きをこらえ、マコガレイをたも網ですくった時、ボキッと音がして竿先が折れた。まずい。間が悪いことにこの日、替えの竿を持って来なかった。気がついたKさんが、すぐに竿を貸してくれた。助かった。有難い。場所を移動するたびに、カレイが釣れ続けた。船頭さんは、たも網を手に、ニコニコしながら船上を動き回っていた。

「いやー。こんな日もあるんですね」とリールを巻くKさんの顔が、ほころんだ。

僕は朝飯を食べるのも、忘れていた。

ハマギクの花言葉

海水温も下がってきたし、どんどんカレイの食いがよくなっている。そんな話に、つい乗ってしまうのは、いつもの悪い癖《くせ》なのだが。

10月末にもなると、気温も低く海の風は冷たい。ちょっと厚着をして、友人が指定した、釜石市の佐須漁港に駆け付けた。港の岸壁には4艘《そう》ほどの釣り船が、横付けされていた。

波も静かで、天気はよさそうだ。船は唐丹《とうに》湾の、外洋付近まで走った。ぽつりぽつりとヒガレイ、アイナメが釣れた。魚信が遠のくと船頭さんは、こまめに釣り場を移動した。大型のカレイは出ないが、退屈にならない程度に、竿先が引き込まれた。

ふいに、バァーと横なぐりの突風が吹いてきた。みるみるうちに風は強くなり、うねりが出てきた。周りの釣り船が、波間に沈んだり現れたりした。何かに、つかまっていないと、海に落ちそうなくらい船は揺れた。これでは、釣りどころでない。

船はうねりから逃げ出した。どの船も湾内に向かって疾走した。大分穏やかな湾内に滑

岩のくぼ地に咲いていたハマギク

り込んだとき、かぶった海水で誰もがびしょぬれだった。うねりで、気分が悪くなった釣り客もいたようだ。船から降り顔を洗おうと、お手洗いのある港の建物に寄った。ふと、そばに大きな岩があることに気がついた。あの大津波にのみこまれても、びくともしなかったようだ。岩を回りこんでみたら、岩のくぼ地に真っ白な花が、ひっそりと咲いていた。ハマギクの花だ。大津波から、よく生き長らえたものだ。ハマギクの花言葉は「逆境に立ち向かう」というそうだ。

オイカワと出合う

盛岡での用事が、思ったより早く片付いた。昼を少し回っていた。このまま真っすぐ家に帰ってしまうのは、もったいない。

花巻市大迫町《おおはさままち》から達曽部《たっそべ》川沿いを下り、遠野市の宮守に抜けた。9月の半ば。ここ数日、夏の暑さがぶり返していた。鱒沢付近から脇道に入りこんだ。雑木林の低い山あいを行くと、川岸に木陰を見つけた。そこに車を寄せた。

竿を手に踏み分け道をたどると、川べりに出た。ここは猿ケ石川の枝川だが、この辺りで竿を出すのは久々だった。川底が小砂利で澄んだ流れが、上手に延びている。対岸にやぶが横たわり、川筋に涼しそうな日陰をつくっていた。さらさらとした流れに、毛バリを放りこんだ。ピシャッ。と白い水しぶきが立った。竿先をはね上げたが、毛バリはすっぽ抜けた。小さなヤマメでも、毛バリにじゃれついたのだろうか。

向こう岸の流れに、枝葉が張り出していて、その下に毛バリを落とした。ポショッ。毛

猿ケ石川の枝川で出合ったオイカワ（オス）

バリが消えた。クイクイと竿先がおじぎした。足元に転がってきたのを、たも網ですくった。おや？　ヤマメではない。なんと、きらびやかな衣装をまとった、オイカワのオスだ。こんな所で生き長らえていたとは…。元々オイカワは、岩手県の川に生息しておらず、琵琶湖産の稚アユにまぎれこみ、川に放流されて繁殖したものだという。子ども時分、夏の川釣りでオイカワのオスを、よく目にしていた。しかし清流を好むオイカワは、長い間に多くの川から姿を消した。オイカワをたも網から出すと、ひらりと流れにもぐりこんでいった。ヤマメは釣れなかったが、オイカワに出合うことができ、何か得をした気分だった。

誰も釣ってない

昔から年越しには、子持ちナメタガレイを神棚に供えて祝う風習がある。県南の地域に多いと聞いた。僕の場合ナメタを釣って、その年の釣りを締めくくるのが、恒例になっていた。といっても、冬のナメタは、なかなか手強い。昨年は1尾も、ありつけなかった。近頃カミさんは、僕が釣ってくるナメタを、どうも当てにしていないようなのだ。

12月の上旬過ぎ。ちらほら、ナメタが釣れ出したとの話が届いてきた。「おい。ナメタ、行ってみるか」と早速、釣り仲間のTから誘いがあった。迷っていた。まだナメタ本番ではない、といった情報もあったからだ。でもこの師走に、なんとか子持ちナメタを釣り上げたかった。強風が収まった週末、2人は釜石湾の尾崎白浜へ向かった。釣り船は乗り合いで、釣り人7人。誰もがナメタ狙いのようだ。船が止まると、すぐに隣のTの竿先が曲がった。ヒガレイを見て彼は、渋い顔をした。当てがはずれたようだ。ナメタを探すためか、船は何度も移動した。いきなり、ズ、ズズンと竿先が沈んだ。重くて強烈な引きこみ

一度に３尾のヒガレイ。ナメタガレイは釣れなかったけれど…

だ。これは、ナメタか？　少しずつリールが巻けた。ぱぁーと、海面が光った。すいと、彼がたも網を差しこんでくれた。「うおー」と彼が声を上げた。ハリ3本に、3尾のヒガレイがぶら下がっていた。ヒガレイは、カレイの中で味がよいとされ喜ばれるので、一度に3尾も釣り上げたら上出来なのだが…。

その後、釣れたのはヒガレイだけで、子持ちナメタは姿を見せなかった。「まだ海、暖《あった》けぇからな…」。船頭さん、ぼそっとつぶやいた。船が帰港した。

「あのよ。誰もナメタ、釣ってねぇぞ」

笑みを浮かべた彼が、そっと僕の耳元でささやいた。

年越しのナメタ

師走になって、片付けることが山ほどあった。一番気がかりなのは、子持ちのナメタガレイをまだ釣り上げていないことだ。こんなことを言うと、それほど年越しにナメタを食いたいなら、スーパーにでも行って買えば、よっぽど安上がりではないか。と誰かに皮肉を言われそうだ。もっともだが、どうしてもこの手で釣り上げたいのだ。ナメタは買うのでなく釣るもの。そう押し通してきた。

12月29日。朝、6時30分。宮古の友人らと、山田漁港から出漁した。乗船した8人、もちろん、皆もナメタだ。「今は大した波でないけど、荒れてくる模様だね」と、Kさんが顔を曇らせた。重茂《おもえ》の沖合は、荒れることで知られていた。船は波をけたてて、沖合へ向かった。しばらく走り、重茂半島の突端で船脚が止まった。波間から、真っ白な魹ケ崎《とどがさき》灯台が見えた。船頭さんの合図で、さぁナメタ釣りの開始だ。間もなくして、船尾で声が上がった。ナメタのようだ。そろそろ、こっちもと油断なく身構えていたが、それらしい当

ようやく釣り上げたナメタガレイ

たりはなかった。だんだん、うねりが強くなってきた。船が上下に揺れる中、いきなりズ、ズズーンと竿先が引きこまれた。海中に突き刺さんばかりに、竿がひん曲がった。船の揺れに足を踏ん張って、リールを巻いた。しばらく巻き上げていたら、海面に魚体が躍り出た。すかさず仲間の1人が、たも網ですくい上げてくれた。どたりと、甲板に下ろされたナメタ。（よかった。）思わず、胸の内でつぶやいていた。結局この日釣れたナメタは、一尾だけ。

でも、これで良い正月が迎えられそうだ。

2017年

キャベツ虫

今、釣りの餌《えさ》は釣具店で買えるが、昔は自分で調達しなければならなかった。ミミズは近所の農家へ行けば、堆肥《たいひ》の中にごちゃごちゃいた。春先によく愛用したのは、イタドリ虫と呼ぶ、イタドリの茎の中に巣をつくる、「コウモリガ」の幼虫だ。他にブドウ虫、クリ虫、ドングリ虫、蜂の子なども餌にした。川虫の食いは抜群なのだが、春の冷たい流れの中で石を起こしての虫とりは、めんどうな作業だった。

しかし、イタドリ虫や蜂の子など、たいがいは成虫になると使えないので、夏にさしかかるころは餌不足になった。そんな時期に、重宝な虫がいた。キャベツの葉を食う、モンシロチョウの幼虫、青虫だ。仲間内では、キャベツ虫と呼んでいた。当時、キャベツ畑はあちこちに見られ、虫食いの葉っぱを探すと、決まって青虫がくっついていた。農家にとって青虫は、厄介《やっかい》もので、釣り餌に欲しいと言ったら、かえって喜ばれたものだ。緑色の虫は目立つのか、魚の食いもよかった。ある時、青虫を御蚕《おかいこ》みたいに、飼うことを思いつい

モンシロチョウの青虫は、夏場に重宝する餌だった

た。青虫を金魚鉢に入れ、キャベツの葉をもらってきては食べさせていた。これで、わざわざキャベツ畑に、青虫を取りにいく手間が省けた。そうこうするうちに、アユ解禁が近づき、つい窓辺に置いていた金魚鉢のことを忘れていた。ある日、部屋に入ると、なにか白いものが、ふわりふわりと舞っていた。モンシロチョウだ。知らないうちに、青虫はサナギになりチョウになっていた。急いでガラス窓を開け放った。

部屋を飛び出した、数羽のモンシロチョウは、真っ青な空に吸いこまれていった。

後追い虫

十数年前にもなろうか。その日は、うだるような暑さだった。ちょっとでも涼しい所と、栗駒山の森に埋もれた沢へもぐりこんだ。狭い谷間に、ジジ、ジャーとセミの鳴き声が降り注いでいた。ちょろちょろした流れで、いつもより水は少なかった。樹木の間からこぼれ落ちる、木漏《こも》れ日の谷底を歩きながら、イワナのいそうな深い水たまりや、小さな淵に毛バリを放りこんでいった。出なかった。そんなはずはないと、しつっこく竿を振った。そろそろ毛バリを取り替えたかったが、暑くてめんどくさかった。

流れに半分ほど沈んでいる岩の陰に、ぽとりと毛バリを落とした。と、川底から、まっしぐらに黒い影が浮き上がり、毛バリに襲い掛かった。あっと竿先をはね上げていた。バシャッと水音が立ち、ぎらっと魚体がひるがえった。毛バリは空を切っていた。イワナの奴、毛バリを食いそこねたか。いや慌《あわ》てて合わせが、早かったのかもしれない。しばらく釣り上ると林が途切れて、カッと焼けるような日差しが、照りつけてきた。早くここを通

「後追い虫」とも呼ばれるハンミョウ

り抜けようと、川原を急ぎ足になった。その時、ふっと何か目の前をかすめた。足を止めた。なんだろう？　歩き出したら、また前方に飛ぶものがあった。

腰を屈《かが》めて、じっと石ころだらけの地面を見た。いた。アリみたいな小さな虫だが、赤、緑、白の色取りのあでやかさに息をのんだ。

ネットでつかまえようと追いかけても、すい、すいと前に逃げてしまう。これでは、まるでイタチごっこだ。とうとう汗みどろになって、地面にへたりこんでしまった。

後で調べたら、2センチほどの虫の名は「ハンミョウ」で「道おしえ」「道しるべ」「後追い虫」などの別名があるという。

解禁日の二人連れ

こんな暖かな解禁日は、珍しかった。3月1日といえば、たいがい寒くて、かじかむ手に息を吹きかけながら、竿を振ったものだ。それに雪の舞う日だって、あるのだから。風ひとつなかった。手始めの川は、矢作川《やはぎ》。明るい日差しを受けて、川岸のネコヤナギが、淡い光をともしていた。減水している流れに、しばらく毛バリを振っていたが、まったく魚の反応はなかった。周囲に釣り人の姿も見かけない。ここに見切りをつけて、気仙《けせん》川へ向かったが、数カ所で護岸工事中だった。

どうにも気乗りしないまま、世田米《せたまい》から気仙川を離れて日頃市《ひころいち》へ抜けた。盛《さかり》川も水が少なかった。長安寺《ちょうあんじ》の上手で、二人連れの釣り人に出くわした。「釣れましたか」と声を掛けた。「いやー、出ないねぇ。ヒカリを狙ってんですけど、いないのかねぇ」と笑った。住まいが盛岡で兄弟だという二人と、少しの間立ち話になった。二人は、この辺りを切り上げて、思い切ってもっと下流へ下がるという。彼らは、この場所を僕に譲ってくれたの

解禁日に出合えたヒカリ

だろう。丁寧に竿を振っていったが、毛バリにじゃれつく小魚もいなかった。でも寒い思いをしないで、のんびりと歩けるのが何よりだった。

対岸の枯れアシの前に、毛バリを落としてみた。キラッと流れが光った。とっさに腕が上がっていた。キラ、キラときらめきながら足元に転がってきた。おっヒカリだ。なんとか今年も会うことができた。早く海に帰れと、頭を河口へ向けた。スルッとヒカリは、流れに溶けていった。そうだ。あの兄弟、どうして居るだろうか。ヒカリ、釣れてればいいのだが…。

手土産はバッケ

「バッケ。もう、たくさんですからね」

玄関を出ようとした僕の背中に、カミさんの声が追いかけてきた。初物のバッケ（フキノトウ）をカミさんは喜んでくれたが、3度目にもなると迷惑そうな顔を見せた。ヤマメを手土産にしたいが釣れないから、バッケでごまかしていたのだ。

この日、昼近くに家を出た。遠野へ抜けようと、江刺の玉里にさしかかった。道沿いに、ちらちらと人首《ひとかべ》川の流れが目に入った。昔、何度か、この川で竿を出したが最近は、素通りするだけだった。ふいに、ここで竿を振りたくなった。橋のそばの広い路肩に車を寄せた。畑を横切って、低い土手から川に下りた。枯れアシの中、狭い流れに踏みこんで、毛バリを放りこんだ。パショッ。いきなり水しぶきが立った。あっ、と竿先を上げた。空振りだ。しまった。油断をしていた。魚がいるではないか。今度は気を入れて、毛バリを放りこんでいった。

この日釣り上げた３尾のヤマメ。結局は川に戻した

しばらくして流れに、ぴょこんと頭を出す岩の陰で、ふっと毛バリが消えた。無意識に腕が上がっていた。水しぶきの中に、魚体がきらめいた。食った。足元に転がってきたのはヤマメだ。それから、ぽつぽつとヤマメは出たが、やがて当たりは遠のいてしまった。

アユを生かしておく手提げ袋には、３尾のヤマメが入っていた。どれも小ぶりで、家族の人数に足りなかった。ヤマメを流れに戻してやった。田んぼの畦《あぜ》道を歩いて行くと、土手の斜面にバッケがべったりと張りついていた。僕は見て見ぬふりをして、そこを通り過ぎた。

香魚との再会

空はくもっていた。日差しが届かないので、ぼんやりとした夜明けだ。ちょっと肌寒かった。川の上流、下流にも釣り人が時間の来るのを、じっと待っていた。ここは、砂鉄川の摺沢《すりさわ》地区。いよいよ朝の5時。アユ釣りの解禁だ。いっせいに釣り人が動いた。その時、上手に居る友人のKさんの竿がしなり、掛かりアユがたも網に吸いこまれた。

おっ、幸先《さいさき》がいいではないか。今日は、いけるかも。どきどきしながら、竿先に目を凝らした。ところが、こっちはいくら待っても野アユの追いはなかった。しまいにはオトリアユが岸辺で、ぐったりと横になってしまった。

竿を肩に、Kさんが下ってきた。

「追いは鈍いですね。ぽんと1尾、出たきりですよ。下流はどうか、探って来ます」

そう告げると彼は、下手に移動していった。

気を取り直して、弱ったオトリアユを控えのアユと替えた。2番手のオトリアユは元気

明るい日差しの中、飛び回るルリシジミ

で、スル、スルッと流れの中へもぐりこんでいった。ググ、グン。いきなり竿先が引きこまれた。来た。下流に突っ走ろうとする野アユを引き寄せ、たも網ですくった。小粒だが、清らかな初アユだ。握った指先から、いい香りが漂った。これで勢いづくかと思ったら、後が続かない。河原に腰を落とし、お茶を飲み朝飯のおにぎりをかじった。一休みしていたら、灰色の雲が切れパァーと、日の光が降ってきた。明るくなった川面を、チョウのルリシジミが飛びはじめた。

「よし」と、僕は声を出し立ち上がった。

棚からぼたもち

しとしと、朝から雨が降っていた。盛岡での用事をすませ、宮古へ向かったのは昼過ぎだ。宮古に泊まり、翌日は友人と川釣りの約束をしていた。夜には、雨が小降りになった。「雨、あがって晴れだがね」。朝、M君が宿まで僕を迎えに来てくれた。やはり昨日降った雨で、閉伊《へい》川は水かさが増し濁《にご》っていた。車は閉伊川本流を離れて、茂市《もいち》から浅内《あさない》方面へ、支流の刈屋《かりや》川沿いを走っていく。

川は荒れていた。至る所で、岸辺に流木が積もり、川底の土砂はえぐれてむき出しの岩がゴロゴロしていた。去年の8月末。台風による大雨で閉伊川水系は、ひどい被害を受けた。ともかく、ここまで来たら、魚がいるかどうか、確かめたかった。木立をかいくぐり、川に下りた。彼は偽の小魚での、ルアー釣り。僕は毛バリを振った。しばらく釣り上ったが、ふたりの竿に当たりはなかった。もう少し粘ってみようと、僕はさらに、上流の枝沢を探り、彼は水深のある淵《ふち》を狙うことになった。上流は昨日の雨で、そこそこの水量に増

白点のきれいなイワナが釣れた

えていた。でも、水は澄《す》んでいる。狭い流れに草がおおいかぶさり、竿を振るのはやっかいだ。とうとう毛バリを、草に引っ掛けてしまった。強く引っ張ったら、ポトリと毛バリが流れに落ちた。と、毛バリが見えなくなった。慌《あわ》てて竿を立てた。ググンと竿先が曲がった。足元に寄ってきたのは、白点のきれいなイワナだ。こういうのを棚からぼたもちというのだろう。それでもイワナに会えて、ほっとした。毛バリをはずすと、流れに素っ飛んでいった。雨上がりで食いが出たのか、一つ二つとイワナは毛バリをくわえた。

戻ると彼は、まだ同じ淵に居た。僕の姿に気づくと彼は、魚が入ったネットを高く掲げた。

イワナの隠れ家

芽吹きの5月。海と川、どっちの釣りも楽しめる季節になった。カレイ釣りに行きたかったが、強風のため釣り船は出なかった。それで大迫《おおはさま》町内を流れる、岳《たけ》川に足を向けた。岳《たけ》の集落を通り抜け、木立の中の空き地に車を突っこんだ。樹木の枝にすがりつきながら、そろりそろりと谷の斜面を下りた。ようやく谷底に下り立った。清らかな流れが、萌黄《もえぎ》色の森の中に埋もれていた。

谷間に、ひんやりとしたすがすがしさが漂っていた。すーと、汗が引いていった。足元を確かめては竿を振った。だいぶ、釣り上っていた。イワナは出ない。谷間は狭まり岩が重なり合って、谷川の傾斜も険しくなってきた。息が切れた。ここらが引き際か。引き返そうとしたとき、ふと対岸の岩に囲まれた、狭い淵が目に入った。そっと淵をのぞくと、底に大きな岩が沈んでいる。どうも気になる。淵に木の枝が張り出しているが、横から毛バリを放りこめられそうだ。やってみるか。駄目で元々だ。淵めがけて横ざまに、毛バリ

淵の「隠れ家」から引きずり出したイワナ

を放りこんだ。何度も毛バリは岩にぶつかって、淵の手前に落ちた。

えい、どうにでもなれと、強く竿を振りこんだ。するっと毛バリが、枝の下に吸いこまれた。と、のっそりイワナは浮き上がってきて、でかい口を開けカポッと毛バリをのみこんだ。(よし、今だ)竿を寝かせ、横に引いた。ググッと重い衝撃が伝わり、竿先がガクガクと揺れた。強い引きをこらえ、強引にイワナを淵から引きずり出した。ネットですくった。毛バリをはずすとイワナは大儀そうに、ゆらゆらと動きだし、また淵の隠れ家に消えていった。

幻のカレイ

カレイが釣れているという。友人ら数人と大船渡市三陸町の越喜来《おきらい》湾に繰り出したのは、5月の末だった。出足はまぁまぁで、ぽつりぽつりとカレイが掛かった。ところが、しばらくしたら、ぱたりとカレイの引きが止まった。

何度か場所を移動しても、食いは渋かった。当たりがないので、うとうとしていた。「あのー、マツカワって知ってます？　釣ったことあるんですか」。出し抜けに隣で竿を出しているKさんから、声を掛けられた。先日仲間らと飲んだ際、誰も見たことがない「マツカワ」が話題になったというのだ。マツカワなんて、すっかり忘れていた名だった。

マツカワはカレイの仲間で、目の周りの体色が松の樹皮に似ているため、名づけられたという。別にタカノハガレイとも呼ばれ、ヒラメに次ぐ高級魚に入るそうだ。

僕の手元に、1枚のマツカワの古い写真が残っている。おぼろげな記憶だが、17、8年前になろうか。確か釜石湾沖、ヒラメ釣りでの事だった。強い引きにリールを巻いたら、

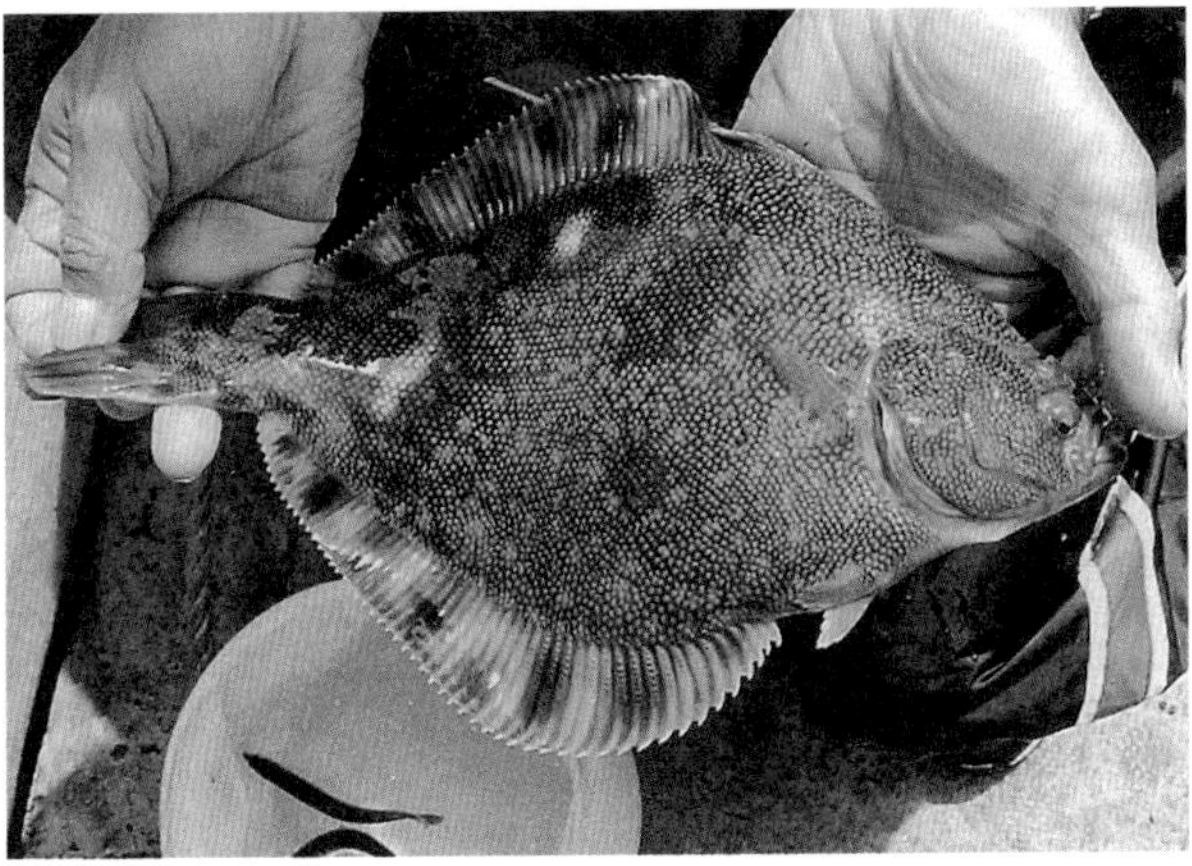

20 年近く前、釜石湾沖で釣り上げたマツカワ

これまで見たことのない、妙な色合いの魚体が上がってきた。「おー、そいつはマツカワだ」と、船頭さんが教えてくれた。

マツカワの写真は、この時撮られたものに間違いないのだが、僕が釣ったものかどうか、はっきりと覚えていないのだ。あの日から、二度とマツカワに出合うことはなかった。

「へぇー、幻のカレイなんだ。こんな日に、まぐれでマツカワ釣れませんかね」

Kさん、真剣な目つきで竿先をにらんでいた。

ルアーマン

川釣りを大ざっぱに分けると、「餌《えさ》釣り」「毛バリ釣り」「ルアー釣り」、それに「アユの友釣り」などだろうか。その中でルアーは川だけでなく、海釣りにも人気があるようだ。でも僕は、ルアー釣りに手を出さなかった。なぜ、と聞かれたら困るのだが、ただの食わず嫌いだったのかもしれない。

ルアーは金属性のもので、スプーンや小魚などを形作った、毛バリと同じ擬餌《ぎじ》バリなのだ。どちらも、魚をだまして釣る点は同じなのだが…。

宮古市のルアーマン、Tさんから誘いがあったのは、6月の上旬だった。朝の9時に、川井の閉伊川と小国《おぐに》川との出合い付近で、彼と落ち合った。彼の後について小国川沿いを走り、江繋《えつなぎ》で右手の道へ折れた。狙いは薬師川のようだ。芽吹きはじめた周囲の森や林は、淡い黄緑色に煙っている。民家が点在する下流域から釣り上った。意外と水かさがあり、流れに力があった。油断していると足元が、ぐらっときて、ひゃっとする。魚は出なかっ

友人がルアーで釣った 38 センチのイワナ

た。対岸の彼に声をかけたら、渋い顔つきをした。釣れていないのだ。

中流域へ移動した。ていねいに探っていくのだが、毛バリを追う魚のそぶりさえない。水音がした。前方に堰堤《えんてい》が見えた。粘ってみた。しかし堰堤は深くて流れが速く、毛バリでは歯が立たなかった。岸辺にしゃがみ、彼の様子を眺めた。ヒュン。ルアーが放りこまれる。何投目か。「食った」と彼が大声を上げた。ガン、ガンと竿が揺れている。魚体が浮いてきた。水しぶきが立ち、ぎらぎら光った。イワナだ。でかい。

季節は春から夏へ

梅雨入りしたら、少しまとまった雨が降った。あと10日もすれば、アユ釣りが解禁となる。若いころは、アユに首ったけだった。でも情けないが、そんな元気も体力もなくなった。雨の3日後。川の水も落ち着いたころだ。よし、アユ解禁前に、ヤマメでも釣りに行こう。江刺から自動車道を利用して、遠野へ向かった。終点の宮守で降りた。ぐずついた天気で、雨にならなければよいのだが。しばらく、夏場の猿ケ石川《さるがいし》から遠ざかっていた。放流した今年のアユは、育っているのだろうか。やはり気になるのだ。上郷町《かみごうちょう》から山里の道に入り、民家がまばらになった路肩に車を寄せた。木立の中に、細い早瀬川の流れが見え隠れした。

流れは澄んでいた。遠くから、カッコウの鳴き声が届いてきた。草や枝葉が流れに、覆いかぶさっている場所があった。そこは素通りした。さらさらした流れに、毛バリを落とした。と、岸辺の草むらから、黒い影がすっ飛んできて毛バリをくわえた。水面を転がっ

浅瀬でじっとしていたカジカ

てきたヤマメが、手のひらに載った。やれやれ。大げさな出方にしては、小さなヤマメだった。

ちょろちょろした流れを歩いて行くと、足元の石の陰から、何かチョロッと影が走った。立ち止まり、そっと石ころを持ち上げてみた。1個、2個…。いた。じっとしていたのはカジカだ。捕まえようとしたら、サッと石の下に逃げこんでいった。周囲が明るくなった。青空が見えた。林の奥から、セミが鳴きだした。もう少し、がんばろうか。アユ釣りに備えて、少しでも足腰をきたえておきたかった。重い足を上流へ、踏み出した。

カジカガエル

夏はそこそこに暑くて、ほどほどの雨が欲しい。なんて注文は、虫がいいってことなのだろう。しばらく雨はなく、今日もかんかん照りだ。昨年の夏も雨が少なく、暑い日が続いた。これは、7月終わりの話。さて、どこへ行こうか。考えていたら、しばらく遠ざかっていた、ひとつの川が浮かんだ。そこは西和賀町の本内川《ほんない》（通称・北本内川）だ。仙人峠付近で、和賀川に架かる橋を渡り、谷川の出入り口に向かった。対向車との擦《す》れ違いもできない、崖際《がけぎわ》の狭い林道を、そろそろと進んだ。その区間を抜けたら、樹木の間から、川の流れが見え隠れしてきた。広くなっている道端に車を寄せると、やぶの斜面から枝川に下りた。澄んだ流れが音もなく、岩を洗っていた。魚がいそうな水たまりに、毛バリを落としていった。暑いし、魚影も走らなかった。上るにつれ谷が狭《せば》まり、覆いかぶさる枝葉が、谷底に涼しい緑陰をつくっていた。時々立ち止まっては、木陰の下で涼をとった。

「ピュル、ピュル、ピ、ピー」。谷川からセミの鳴き声が湧き出していた。歩き出すと、

「ピュル、ピュル、ピ、ピー」。鈴を転がすようなカジカガエルの鳴き声が谷川に響き渡る

鳴き声はぴたりと止んだ。足を止めると、また鳴きはじめる。そうか、気がついた。セミにそっくりだが、この声はカジカガエルだ。どこで鳴いているのだろう。鈴を転がすような美しい鳴き声が、谷間に響き渡った。ザックを下ろし、川岸に座りこんだ。カジカガエルは、近くに居るはずだ。こうなったら、今日の釣りは止《や》めだ。身じろぎしないで、聞き耳を立てた。目を皿にして、岸辺の流れや石まわりを探した。いた。とうとう見つけた。小さなカジカガエルが、岩の上にちょこんと座っていた。気がついたら谷間に、日暮れが迫っていた。

ぶな虫とイワナ

この話は、だいぶ前のことだ。仲間4人と胆沢《いさわ》川支流、小出《おいで》川へ釣行したのは、梅雨明けの7月末だった。小出川は険しい谷で、過去に釣り人が崖《がけ》から滑落して亡くなっている。流れの中を上っていくと、両岸が垂直に切れ込んだ、この谷一番の難所にさしかかった。岩壁に張りつきカニの横ばいみたいに、そろりそろりと足を運んだ。全員が渡り終えると、誰もがほっとした表情を見せた。一息つくと一気に、野営地の枝川との合流点へ向かった。

野営場所に着くと、すぐに皆でテントを張った。作業を終え、日暮れまで釣ろうと二手に分かれて、僕とNさんはテント場近くの枝川にもぐりこんだ。うっそうとしたブナの谷間で、木漏れ日が川面にこぼれていた。ふたりは交互に竿を振った。イワナの当たりは、なかった。と、前を行く彼が、声を上げ僕を呼んだ。彼が指さす、岸辺の水たまりに赤、緑、紫色の固まりが沈んでいた。周囲の岩の上にも、点々と落ちていた。「ぶな虫」だ。以前に一度、見たことがあった。それにしても、すごい数だ。水の底に手を入れてすくうと、

イワナが次々と食いついた「ぶな虫」

5、6センチのぶな虫が数匹、手のひらに乗った。息を吹き返したのか、もぞっと動き出すのもいた。ぶな虫とは、ブナの葉を食う「ブナアオシャチホコ」というガの幼虫だ。

ふたりは、ぶな虫をハリにつけ流れに放ってみた。ガ、ガガン。いきなり竿先が引っ張られた。イワナは次から次へと、ぶな虫に飛びついてきた。釣り上げたイワナの中には、飲みこめなかったぶな虫が口からはみ出ていた。貪欲《どんよく》なまでの、イワナの食いっぷりだった。「気味悪いな。イワナ。気、狂ったみてぇだ。もう、いい」。ふたりは釣るのを止《や》めた。谷のあちこちで、「バシャ、ゴボッ」。イワナがぶな虫を漁《あさ》る水音は続いていた。

小国川のアユ

今にも泣きだしそうな、曇り空の朝。閉伊川の流れを、のぞきこんでは川内《かわうち》、箱石の地区を通り抜けた。「釣り人、居ないねぇ」、車を運転する友人のKさんが、ぼそっとつぶやいた。「種アユ」の幟《のぼり》を目当てに、車は脇道に折れた。「この辺りは、あまりよくないねぇ。茂市《もいち》の下流で、でかいのが掛かっているようですよ。小国川は、粘れば出るかな」と、いけすから種アユを取り出したおやじさんは、すまなさそうに状況を説明してくれた。

雲間から、日の光が差してきた。このまま晴れてくれればいいのだが。大アユのことは気になるが、まず箱石の周辺を探ることにした。数日前の雨のせいだろうか、少し水かさが高かった。あちこち移動したが、まったく追いはなかった。下手から上がってきた彼も、首を横に振って、駄目だというしぐさをした。

小国川の上流へ走ると、橋の下手でぽつんと釣り人が一人竿を出していた。ほっとする。その上手の道端に、車を寄せた。気がつくと曇天の空は真っ青に晴れ、川面に明るい光が

小国川のアユ。８月の空は真っ青だった

降り注いでいた。これで雨の心配は、なくなったようだ。

きらきらした浅瀬に、オトリアユを放った。と、いきなりツ、ツ、ツーと竿先が引きこまれた。清流をきらめきながら、たも網に跳び込んできたアユは、手頃なサイズだった。立て続けに追いがあり、３尾釣れた。しかし、そこで野アユの追いは途切れた。岸辺の岩に腰を下ろし、一息入れる。「ミーン、ミン、ミン、ミーン」。川岸の林で、ミンミンゼミが声を張り上げ鳴いている。アユ釣りの夏も、あとわずかだ。

水辺のチョウ

かっと、暑い夏が戻ってきた。このところ、雨の多い冷たい日が続いていた。このまま夏が、終わってしまいそうだった。晴天の翌朝。山越えで、沿岸の陸前高田市に向かった。やはり気仙川は増水していた。アユ釣りの姿は、見掛けなかった。遠野へ抜け、土淵《つちぶち》の「伝承園」で昼の焼きもちを買った。山道沿いの荒川は勢いよく流れていて、とても入れそうにない。

ちょっとのぞくつもりで、枝川へもぐりこんでみた。奥へ進むと少し水は高いが、なんとか竿が振れそうな流れが現れた。ザブ、ザブと流れの中を歩きながら、毛バリを放りこんでいった。だいぶ釣り上ったが、一向に魚の気配はなかった。流れの中に、ごろごろした岩が目立ってきた。放った毛バリが岩の間を、ふらっふらっとすり抜けた。と、岩陰で黒い頭が、ちょろりと動き、すぐに引っこんだ。あっ。あわてて、イワナが頭を出した、岩の縁際《へり》に毛バリを落とした。「ゴボッ。ガガン、ガン」と竿先がおじぎした。強い引き

一心不乱に水を吸うミヤマカラスアゲハ

をこらえていたら、足元にイワナが寄ってきた。偶然拾ったようなイワナだが、これでやっと昼飯にありつける。1尾釣り上げたら、そこで飯にしようと決めていたのだ。川岸に腰を下ろして、焼きもちにかぶりついた。焼きもち2個、ぺろりと平らげてしまった。

ふと、傍《かたわ》らの水辺に目がいった。数羽のチョウが、湿った砂に吸いついていた。ミヤマカラスアゲハだ。チョウたちは、この雨上がりを待っていたのだろうか。そばに人が居るのも気にしないで、一心不乱に水を飲んでいた。

さらば、アユの夏

秋を思わせる、冷たい長雨をぼやいていたら、9月の上旬。夏が戻ってきたような、暑い日差しがのぞいた。半ばアユ釣りを諦めていたのだが、友人のKさんから「今日、最後にしませんか」と誘われた。家でぼさっとしているのも、つまらないので、彼にくっついて行くことにした。向かったのは、大型のアユが釣れているという気仙川だ。しかし、川沿いに数軒ある、オトリのアユを売る「種アユ屋」さんは、ほとんど店を閉じていた。やっと開いていた1軒の店を見つけたが、いけすにはアユが数尾しか入ってなかった。

「あんたらが最後のお客さんだ。こんなもんしか、残ってねぇんだ。がまんしてけれ」

2人分の種アユを4尾買うと、どこか元気のない、おやじさんに礼を言って店を出た。種アユはどれも小さいが、文句は言えなかった。この際手に入っただけでも、もうけものだった。川を眺めながら行くと、竿を出している釣り人が、ちらほら目にとまった。野アユの追いが、まだあるのだろうか。田谷《たや》付近の路肩に車を寄せ、川岸に下りた。雲ひとつ

気仙川で締めくくった2017年のアユ釣り

ない青空が、広がっていた。耳を澄《す》ますが、セミの鳴き声は聞こえなかった。僕はKさんと離れた、下流の緩やかな流れの前に立った。流れにオトリアユを送り込むが、すぐにぐったりしてしまう。休ませていたアユと取り換え、場所を移動しても、野アユの追いはなかった。

ふいに風が吹き出した。時々強風にあおられて、竿は折れそうに曲がった。もう潮時と思った。竿をたたんだ。「ごくろうさん」と声をかけ、よれよれの種アユ2尾を、流れに放してやった。アユ釣りの夏が終わった。

秋ヤマメ

イワナ、ヤマメなどの川釣りができるのは、9月いっぱい。シーズン終盤のこの日も釣りができそうな川を、探し回った。北上から花巻へ、大迫の町に入った。岳《たけ》川も水位が高く、諦《あきら》めて遠野方面へ車を向けた。宮守の米田《まいた》付近にさしかかった時、ちらっと達曽部《たっそべ》川の流れが目に入った。車を止めた。ちょっと水かさはあるが、もっと上流へ行けば、浅い場所もあるかもしれない。

アシ原の中に、細い流れを見つけた。アシをかき分け、流れに踏みこんだ。深さは膝《ひざ》上ぐらいだ。アシの葉に毛バリをからませないよう、注意しながら竿を振りこんでいった。ピチャッと水しぶきが立った。足元に転がってきたのは、手のひらに乗る木っ葉《こっぱ》ヤマメだ。しばらく行くと、岸辺のアシの根元がえぐれて、少し深くなった狭い流れにぶつかった。そこへ毛バリを落とした。

毛バリがアシの葉っぱに当たり、うまい具合にポトリとアシの根元に落ちた。ガバッ。

体が黒ずんだヤマメ。「秋ヤマメ」と呼ぶ人も

魚はダ、ダダーと、上手へ突っ走っていく。竿を立て、なんとか下手の緩やかな流れに魚を落とし、たも網ですくった。ヤマメは、うっすらと錆《さび》が浮いていた。この頃になると、ヤマメやイワナなどは冬を越すために、体色が黒ずんでくる。「秋ヤマメ」と呼ぶ釣り人もいる。毛バリをはずすと秋ヤマメは、ビシッと水をはじいて流れに消えた。

川から土手に上がった。畦道《あぜみち》を歩いて行くと、民家の脇に柿が真っ赤に色づいていた。

秋雨の中で…。

今日は9月30日。川釣りができるのは、この日だけになった。明日からは禁漁期に入る。1週間ほど前、遠野市宮守の達曽部川で竿を出した。その時、今季の川釣りに、終止符を打ったつもりでいた。それなのに今朝は、早く目覚めてしまった。天気が気になって、窓の外をのぞいたりもした。1度は竿じまいと決めたものの、最後の日となったら家でじっとしているのが惜しくなったのだ。

カミさんには、遠野に用事があるとだけ告げて、そそくさと家を出た。ぼんやりした空模様。雨にならなければ、いいのだが。

遠野に出て、釜石方面へ向かった。途中から脇道へ折れ、早瀬川べりに車を寄せた。アシが茂る狭い流れに、毛バリを放りこんでいった。1度、小さなヤマメが毛バリを追ってきたが、ぷいと離れてしまった。それっきりだった。ここに見切りをつけ、下鱒沢《しもますざわ》付近まで走ると、小友川にもぐりこんだ。魚が居つきそうな所に、毛バリを落としていった。ア

アケビの実はとろりとして甘い

シの原を抜けたら、目の前でバシャ、バシャと大きな水音がした。飛び立ったのは、カモの群れのようだ。ずいぶん上流まで、釣り上っていた。

足が重かった。いったん、川から土手に上がった。川岸の道端で、木立にまぎれて紫色のアケビを見つけた。なんとか手が届いた、ひとふさをもぎ取った。とろりと甘い、アケビの実をしゃぶりながら歩いた。その時、急に周囲が暗くなり、ぱらっぱらっと雨がやってきた。潮時だった。秋雨の中、僕の川釣りは幕を閉じた。

タイよりカレイ

10月末。7人の仲間を乗せた釣り船は、港を出ると山田湾の千鶏《ちけい》沖あたりで、船脚を止めた。最初の1尾は、小さなヒガレイだった。僕と並んで竿を出していたTさんも、手のひらにのるヒガレイを釣り上げ、苦笑いしながら海に戻していた。船は何度か釣り場を変えた。波は少し高い。空は曇り、時折、吹く風はひやりとしていた。しばらくたつが、コトリとも魚信はなかった。その時「なんだ？　こいつは」と、僕の背後でSさんの声がした。振り向くと彼は、1尾の魚を手にしていた。なんだろうと、彼の手元をのぞきこんだ。思わず目を見張った。これまでに見たことのない魚だ。

「おー。きれいだ。こんなの、いたのかよ」

Tさんが、まじまじと魚を見つめている。

「あー、それ。ハナダイって言うそうです」。そう教えてくれたのは、何事かと集まった仲間の1人、Yさんだった。最近、まれに釣れている話を、耳にしたこともあるという。

初めて出合ったハナダイ

「なんかよ。俺には、どう見たってハナダイが、三陸にすむ魚と思えねぇんだ」。Tさん少し、がっかりした表情を見せた。ハナダイ騒ぎが一段落して皆、各自の持ち場に戻った。

「あのさ。俺たちみてぇな船釣りの連中が、増えてよ。三陸の海の魚が、減っているんでねぇのか。だってよ。海の底から魚が湧《わ》いてくる、わけでねぇものな。そのうち、カレイ釣りより、タイ釣りがはやってるかもしれねぇ」と、彼は真面目な顔つきで言った。僕は返す言葉がなく、黙りこんでしまった。

北上川のモクズガニ

8月の末ごろから9月にかけて、夕暮れ時になると、北上川べりに釣り人が集まってくる。浅い流れに立ちこんで、ごっつくて長い竿を振り回す。糸に数本の枝ハリを付け、丸形の重りで川底をなぞるように引く、「ころがし」「ガラ掛け」というアユの釣り方である。「アユに尺なし」という言葉があるが、北上川では、30センチを超える大アユが掛かることもあった。そんな魅力もあって、時季になると北上川に通い詰める釣り人が少なくなかった。掛かるのはアユだけでなかった。ハリ掛かりすると、バサバサと川面を跳ね上がった。それは「モクズガニ」だった。川船でのモクズガニ漁も盛んで、「かにばっと」を食べさせる店もあった。しかし、だいぶ前の話だ。

10月の半ば。友人から養殖したモクズガニの稚ガニを、川に放流している団体（北上川サポート協会）があると、教えられた。

放流した成果を確かめる漁に出るという日に、僕も同行させてもらった。一関市川崎町

北上川のモクズガニ。かつては一晩で数百尾も取れたという

薄衣《うすぎぬ》地区から、船は北上川の流れに出た。前日、箱形の籠《かご》の中に餌となるイワシ、サケの切り身などをつるし、岸辺の緩やかな流れに沈めて置いたのだという。籠を一つずつ引き上げていった。籠の中には、1尾か2尾、全く入っていないものもあった。

「昔は一晩で、数百尾も取れたそうです。今は、こんなですが、少しでも増えてくれれば、いいんですがね」と、籠の引き上げを全て終えたSさんは、白い歯をこぼした。

西和賀町の沢で

8月の半ば。降ったりやんだりの、雨模様が続いていた。天候不順で、まるっきり野アユの追いはなく、アユ釣りから手を引く仲間もいた。僕は迷っていた。そんな折、朝から青空がのぞいた。川へ走った。北上市を抜け西和賀町に入ると、南川舟《かわふね》から東側の小杉沢へもぐりこんだ。そこそこに水はあるのだが、毛バリをくわえる魚はいなかった。二つほど沢を移動するも、狭い流れでやぶに覆われた箇所が多く、歩くのに骨が折れた。

さらに下ると、低い山あいに点在する集落が現れた。ちらっと流れが目に留まった。田んぼに水を引く水路のような、細い流れだ。上流は、どうだろうか。車を走らせて行くと、前方で何やら動く人影が見えた。沢の中で話し声がした。近づいてみると、子どもが3人、三角網を流れにつけ、「じいちゃん、いいよ」と声を上げた。じいちゃんと言われた男は、流れをザブザブとけ散らし、三角網に魚を追いこんだ。「よし、上げろ」と祖父《じい》さんの合図で、孫たちは三角網を引き上げた。

西和賀の沢でもカジカの姿がめっきり減った

「あー、じいちゃん。なにもいねぇよ」

孫たちの、がっかりした声。僕に気付いた彼は、「釣りか」と聞いた。僕は笑って頭を下げた。ベストを着て胴長靴を履《は》いているので、一目で釣りとわかってしまう。

「昔はよ。この沢さ、イワナごろごろいたもんだ。せめて孫たちによ。カジカか、サワガニでも見せてぇんだけどな」と、寂しそうな顔をする彼に、僕はおせっかいにも助っ人を申し出た。子どもらと一緒に沢の中を、這《は》いずり回った。「いいか、いくぞ」。水音を立て、「じゃぼ、じゃぼ」。「よし、今だ」。「わぁー、入ったぁー」。

釣れたのはタコ

「ナメタか。厳しいな。3日前、7人乗って、たったの2枚だった」

そう、電話口で話してくれたのは、大船渡市三陸町越喜来《おきらい》の船頭さんだ。昔から県南の地域では、大みそかに子持ちのナメタガレイを食べる風習がある。師走も残すところ、あとわずか。なんとかナメタを釣り上げたい。週末の土曜日。朝の6時30分。釣り船は崎浜《さきはま》の漁港から出漁した。船は乗り合いで僕ら3人を含めて、釣り人は6人だった。皆の狙いも、ナメタのようだ。

風もなく波は静かだ。船脚が止まった。「さぁー、いいぞ」。船頭さんの合図。しばらく竿先を、上下に小突いていたが、一向に当たりはなかった。と、背後で「来たー」。友人のTさんの声がした。見ると竿先が、大きく曲がっている。ナメタか。いや、上がってきたのはタコだった。その時、僕の竿がグーとしなった。そのまま動かない。リールを巻くがどっしりと重い。ひたすら重かった。もしかすると…。ふわーと、海面に浮き上がって

タコとヒガレイ。本命のナメタガレイは空振りだった

きた。やっぱりタコだ。2尾目もタコで、おまけみたいに小さなヒガレイが、くっついてきた。まいった。これではタコ釣りではないか。頻繁《ひんぱん》に船は、釣り場を移動した。

突然だった。バーンと、強風が体にぶつかってきた。穏やかな海が一変した。海面が膨れ上がり、白波が立ちはじめた。立っていられないほどの突風で、帽子が吹き飛ばされ、クーラーが転がった。

「引き揚げるぞ」、船頭さんが大声を上げた。辺りを見回すと、数隻の釣り船が港を目指して、一斉に疾走していた。ダン、ダダン、ダン。船が大波に揺すられ、体が跳ね上がった。波しぶきを浴びながら、誰もが黙りこんだまま、体を丸めてしゃがみこんでいた。

ナメタガレイを買う

年の暮れ。ナメタガレイを狙った。しかし突然の強風で海が荒れ、一尾も釣ることができなかった。おまけに冷たい波しぶきを、体に浴びたせいか風邪までひいてしまった。それ見たことかと、カミさんが口を出した。

「なにも、この寒い冬に海へ出かけなくてもいいのに。年を考えてくださいよ。ナメタなら、スーパーとかで手っ取り早く買えるし、その方が、ずっと安あがりでしょうに」

もっともな話で、返す言葉もなく僕は黙りこんでいた。

そもそも子持ちのナメタガレイを食べる習慣は、仙台地方から伝わったようだ。卵を持った雌《めす》のカレイは、「子孫繁栄」「商売繁盛」につながり、また白身の白と卵の赤が、めでたいを意味するともいわれる。僕が子どもの頃は、しょうゆとみりんで甘く煮付けたナメタよりも、冷めた時にできる「煮こごり」を、温かいご飯の上にのっけて食べるのが楽しみだった。何にせよ、ナメタガレイを手に入れなければならなかった。それが、釣り人であ

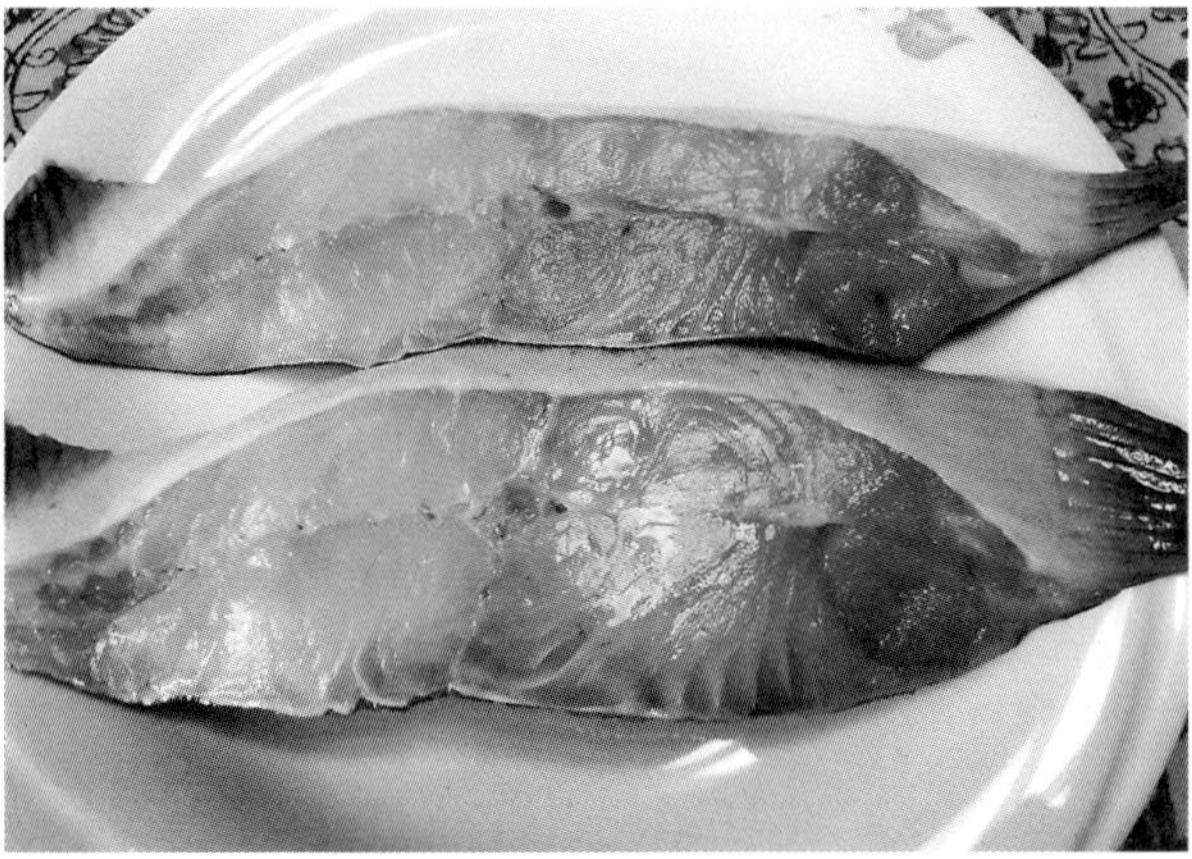

青森産の子持ちナメタガレイの切り身。岩手産で年を越したかった

る僕の責務なのだから。デパートの魚屋さんに出向いた。店頭に、子持ちナメタガレイの切り身が並んでいた。どれも、青森で取れたものだ。

「岩手のものは、入らねぇんです。まだ安いから青森産で、がまんしてくださいよ」

近頃は、三陸岩手でのイカ、サンマ、サケなどの漁獲高が、めっきり減っているという。ナメタガレイも、そうなのだろうか。店員さんの言葉に促されて、僕はしかたがなく青森のナメタガレイの切り身を手にした。こんな所を、釣り仲間にでも見られたら、とんだ笑い種《ぐさ》になる。僕はそそくさと、店先を離れた。

2018年

よみがえる記憶

部屋のがらくた物を片付けていたら、紙袋に入った古い写真が数枚出てきた。その中の1枚に、友人が雪深い谷川を釣り上る姿があった。うろ覚えだが、三十数年前に撮ったもののようだ。当時3月の声を聞くと、待ってたとばかりに、雪と氷に埋もれた奥羽山脈の谷へ入りこんでいた。崖から滑り落ちたり、雪庇《せっぴ》を踏み外し川に転落でもしたら、命にかかわるので、たいがい仲間と連れ立っての釣りだった。

かんじきを履き、ウサギやキツネなどの足跡だけがしるされた、真っ白な雪原をたどっていく。そんな時、なんとも言えない優越感に浸ることができた。林を抜け谷底に下りると、そこはまだ眠りから覚めていない、静寂の世界だった。その眠りを破るかのように、落下する淵の流れ目掛けて、ミミズを放りこんだ。ゴッ、ゴッ。ギューンと竿先が引きこまれた。ブルブルと竿先が震《ふる》え、のっそりイワナが川面に顔を出した。そんな光景や、悲しみまでも、1枚の写真からよみがえってくる。

三十数年前のスナップ写真。川釣りの解禁日、奥羽山脈の谷川は雪深いままだった

あの頃、川へ行くのがいつも一緒だった仲間の中で、亡くなった者もいる。年月は容赦《ようしゃ》なく過ぎていく。3月1日。今年の川釣りが解禁した。この冬は、積雪が多かった。きっと山の雪解けも、遅くなるだろう。雪崩《なだれ》を用心しなければならない。もっとも今の僕には、かんじきを履いて雪の谷にもぐりこむなんて、むちゃな話だ。去年川で2度も転んだ。今季は足元を確かめながら、ゆっくり釣り歩くつもりだ。さて、初釣りの川はどこにしようか。

粘りに粘って

3月1日。川釣りが解禁になったものの、春の嵐の襲来で、大荒れの天気となった。釣りどころで、なくなった。だけど川の様子が知りたくて、数日後の晴れ間に出かけてみた。まずは気仙川の支流、矢作《やはぎ》川に入りこんだ。川は増水し、濁ってもいた。これでは、川に立ちこむのも危険だ。どこを見渡しても、釣り人の姿はなかった。町中を流れる気仙川も、同じ状況だった。ここまで来たついでに、もうちょっと足を延ばそうと、大船渡の盛町《さかりちょう》へ向かった。長安寺《ちょうあんじ》付近から盛川沿いに上手へ走ったが、やはり無駄足になった。

しかし、このまま、すごすごと帰るのもしゃくだった。ふと思いついた。普段水が少ない上流なら、どうだろうか。日頃市町《ひころいちちょう》から山越えで、住田町の上有住《かみありす》に下りた。そこから上流域へ、竿が出せる場所を物色した。しばらくして、道路脇に車を寄せた。そこは道側に岸辺がえぐれていて、流れが円を描くように、ゆっくりと回っている。斜面を下り、渦巻きの流れに毛バリを放りこんだ。何度やっても、魚の出はなかった。ここに、魚がいな

初釣りの釣果は小さなヤマメ２尾

いはずはないのだが…。

餌《えさ》釣りに替えてみた。餌のイタドリ虫を、渦巻きの中に落とした。クッ、ククッと竿先が揺れた。来た。水面を転がってきたのはヤマメ。同じ場所を、しつっこく粘った。が、釣れたのは持ち帰れない小さなヤマメ、２尾ぽっち。でもこんな悪い状況でも竿が振れ、ヤマメの顔が見られたのだから、今日はついていた。初ヤマメに、お礼を言って流れに返してやった。

ふいに日が陰った。上流から冷たい風が吹き下りてきた。雨になりそうだ。

気まぐれヒカリ

東京住まいのYさんから連絡が入ったのは、桜が見頃の4月半ばだった。「なんとか、ヒカリ。釣れませんか」、彼の頼みに言葉が詰まった。以前、地元の釣り人から「ヒカリ釣りは、彼岸まで」と、言われたことがあった。川で生まれたサクラマスの子ヒカリは、3月にはほとんど海に帰ってしまう、という意味なのだ。ヒカリは期待できないと、返答したが彼はそれでも構わないと、岩手にやってきた。この日は時々日差しがのぞく、薄曇りだった。このまま天気が、もってくれればいいのだが。陸前高田を抜け、海岸沿いに北へ走った。振り出しは、どこの川にしようか。

最近、なぜか遅くまで川に残っているヒカリが、増えている気がする。5月の頭に、良型のヒカリを釣ったという話も聞いた。そんなヒカリが居てくれれば、いいのだが…。盛《さかり》町の四つ角で盛川方面への道に折れた。いつもは下流で竿を振っていたが、今日は上手の板用《いたよう》付近で道端に車を寄せた。僕は竿を出さずに、様子を見ながら彼の後からついていっ

気まぐれなヒカリが毛バリに反応した

た。しばらく釣り上るが、魚の出はなかった。

小さな岩がひょいひょいと頭を出している、浅い流れにぶつかった。その岩周りに、彼は毛バリを落とした。ピチャッと水がはじけた。竿を上げたが空振りだった。苦笑いを浮かべた彼は、同じ場所に毛バリを放りこんだ。バシャッ。水しぶきと一緒に毛バリが消えた。クイ、クイと竿先が揺れている。白いきらめきが、たも網に転がりこんだ。僕は急いで近づき、のぞきこんだ。なんと、ヒカリだ。海に帰りたくなかったのだろうか。なんにしても、気まぐれなヒカリがいて、ほっとした。彼はしげしげと、ヒカリに見入っていた。彼は名残惜しそうに、ヒカリを握っていた指をほどいた。きらっと光を放った魚体は、するっと流れに溶けていった。

拾い物のイワナ

風もない。ぽかぽかした天気。じっとしていれずに家を飛び出した。県南の一関では、桜の見頃が終わっていた。残雪の栗駒連山の方角に、車を走らせる。昼が近いので、道の駅に立ち寄り「ヨモギ大福」を2個買った。

槻木平《つきのきだいら》付近で、秋田県東成瀬村《ひがしなるせ》へ通じる道へと折れる。山あいの道に入りこむと、周囲の山々は芽吹きがはじまっていた。前川の様子を眺めたが、増水し流れも急だった。奥地の雪解けが、まだ収まっていないのだ。野草の花でも撮ろうかと、枝道へもぐりこんだ。昼飯の大福とお茶、カメラをザックに入れた。釣りは無理だろうが、念のため、3本つなぎの短い竿もザックに突っこんだ。

林の中に分け入ると、ぴょこんと顔をのぞかせているコゴミが見つかった。コゴミを摘《つ》みながら行くと、ちょろちょろした流れにぶつかった。細い沢をたどって上ると、おおいかぶさった倒木が流れをせき止め、そこが深い水たまりになっている。倒木をまたごうと

一輪のカタクリの花

したら、水の中でちらっと動く影が見えた。慌ててザックを下ろすと、竿を継ぎ、毛バリを糸に結んだ。背をかがめたまま、そっと毛バリを倒木の前に落とした。ガボッ。いきなり出た。けたたましく水音が上がった。2、3度の強い引きの後、イワナは観念したのか、スーと足元に寄ってきた。毛バリをはずし放つと、イワナは倒木の陰にすっ飛んでいって消えた。あのイワナ、拾い物したようなものだ。

昼を忘れていた。腹ぺこだった。座りこんで、ヨモギ大福にかぶりついた。ふと、傍らに目がいった。カタクリの花が一輪、恥ずかしげにうつむいていた。

迷子のカモシカ

5月も半ばすぎ。里山は新緑の季節を迎えていた。数日続いていた、ぐずついた天気が、からりと晴れた。

江刺から種山高原《たねやま》を越え、世田米《せたまい》の子飼沢《こかいざわ》付近で、気仙川沿いの枝道に入りこんだ。さわやかな若葉に埋もれた谷間の流れに、じゃぶじゃぶと踏みこんで釣り上っていった。川岸に鮮やかな青紫の、キクザキイチゲが咲いていた。ニリンソウの固まりも見つかった。竿を振っているより、草花にカメラを向ける方が頻繁になった。薄暗い木立を通り抜けると、林が途切れて少し開けた場所に出た。対岸はなだらかな山の斜面で、草や低い木が生い茂るやぶになっている。

ここらで一休みと、思ったその時、ガサッ、ガサッと斜面のやぶが揺れ動いた。僕はギクッと棒立ちになった。ひょいと何か、やぶから躍り出た。カモシカだ。ちらっと、こっちを見たが逃げようともしない。きょろきょろ周囲を見渡して、落ち着かない様子だ。ど

やぶから躍り出たカモシカ

うも、若いカモシカのように見える。僕はカメラのシャッターを押し続けた。と、ザザッ、ザーと音がして、別のカモシカがやぶから、ぬーと首を出した。それを見た若いカモシカは、そっちにすっ飛んでいった。2頭のカモシカは、たちまちやぶの中に消えた。

あの2頭、親子なのだろうか。もしかして、あの子どものカモシカは親とはぐれて、迷子になっていたのかもしれない。ほっとした僕は、川岸に座りこんでしまった。でも熊でなくてよかった。周囲の枝葉を揺らし、谷の奥から、サワサワと清々《すがすが》しい風が吹き下りてきた。

芽吹き時の雨

山は芽吹き時。友人のKさんと西和賀の川へ足を延ばしたのは、5月の連休明けだった。西和賀町の空は曇っていた。遠くの山々が、煙ったようにぼんやりと見える。まず目をつけたのは、しばらく遠のいていた湯田の湯之沢川。川幅が狭く、夏はやぶに覆われるので、春限定の釣り場なのだ。集落が途切れた辺りで、車を路肩に寄せた。

二人とも餌釣り。竿が振りやすい所だけを、拾うように代わる代わる釣っていった。さっきまで、ぱらついていた雨はやんでいる。今日は、うっかり雨がっぱを忘れてきたので、このまま雨がもってくれればいいのだが。流れの落ち口で、彼の竿先がツツン、ツンとおじぎした。プル、プルンと上がってきたのは小さなイワナ。魚の当たりは、それっきり。移動して沢を二つほど釣ったが、反応はなかった。さらに上流の猿橋《さるはし》付近で林道にもぐりこみ、枝川を釣り上った。まだ山陰のあちこちに、雪が残っていた。

二人の竿にイワナが、ぽつりぽつりと釣れた。どれも似たような小型。とろりとした深

雨の中で餌釣り。竿を降り続けたら体中がぬれてしまった

い流れで、強い引きが来た。ダ、ダーンと糸が引っ張られた。これは、でかい。と、ふわっと竿先が軽くなった。ばれた。ハリをつけ替えていたら、すーと周りが薄暗くなった。音もなく雨がやってきた。

これぐらいの雨と、竿を振り続けた。だんだん雨脚が早くなってくる。ふいに、ぶるっと身震いが走った。寒い。いつの間にか、シャツもベストも雨で、ぐっしょりとぬれていた。

ヤマメと藤の花

新緑の季節。川の水もぬるんできた。やっと、毛バリ釣りの出番になった。毛バリを手短に言うと、羽毛などを使い色とりどりの昆虫に似せて作ったものである。しかし、いくらきれいに仕上げても、イワナ、ヤマメには毛バリの色が分かるのだろうか。長い間、疑っていた。ところがあるとき、アウトドア雑誌の、小さな記事が目に留まった。「イワナ、ヤマメは音に敏感。視野が広く、色を感じることもできる」と、あった。

5月の終わり。遠野の町並みを抜け、田植えが済んだ稲田を眺めながら、上附馬牛《かみつきもうし》へ向かった。日差しは明るく、目に染みるような里山の若葉の中に、猿ケ石川の流れがきらめいていた。汗ばむほどの陽気だ。しばらく釣り上ったが、毛バリが気に食わないのか魚の出はなかった。少し派手な色の毛バリに、付け替える。岩を一つ越えた。ふわーと、いい香りが漂ってきた。目の前の岸辺に、藤の枝が張り出し、青紫色の花房《かぼう》が川面に垂《た》れていた。その花房の前に、ぽとり。毛バリを落とした。バシャッ。川面が白くはじけ、とっさ

川面にせり出した藤の花

に竿を横ざまに引いた。ゴッ、ゴッ。藤の花に糸をからませないよう、竿先を寝せたまま数歩下がった。

足元に寄ってきたのはヤマメ。ハリをはずしたら、尾ビレをひとふりして、ヤマメは藤の花の下に走りこんでいった。よほど、あそこが気に入っているようだ。あいつ、もしかすると、水の中から、藤の花を見上げているのかもしれない。僕はそっと、この場を離れた。

へっぴり虫の臭い

新緑がまばゆい、5月の末だった。「ケケ、キョキョ、ケケ」。僕と友人のSさんは、エゾハルゼミの鳴く山あいの、小国《おぐに》川上流を先になり後になりして毛バリを放りこんでいた。その時、僕の前方を釣っていた彼が振り向いて、しきりに手招きしている。急ぎ足で近づくと、岸辺の水たまりに、毛バリをくわえたヤマメが横たわっていた。「ちょっと、ヤマメの口を嗅《か》いでみて」、彼に言われるまま、ヤマメをつかんで、ヤマメの口に鼻を寄せた。つーん、と鼻先を突く臭いに、思わず顔をしかめていた。ヤマメの口臭は紛れもなく、「へっぴり虫」のものだ。「そう、カメムシですよ」、彼は、にやにやしている。

もったいぶる彼の話は、こうだった。竿を振ろうとした目の前に、緑色の小さな虫が流れてきた。と、ガボッ。ヤマメがひとのみしたという。あの虫は…。カメムシと気がついたが、彼はカメムシの毛バリを持ち合わせていなかった。そこで大ぶりの毛バリをはさみで、角張った形にカットし、にわかづくりのカメムシに仕上げた。それを流れに放ったら、

カメムシを模した毛バリ。ヤマメはカメムシが大好物のようだ

一投目でヤマメが食らいついた。毛バリをはずそうとしたら、ヤマメの口が臭かったというわけだ。

「こいつ、カメムシをたらふく食ってるから、家に持ち帰りたくても、できねぇよ」、彼はぼやきながら、水たまりの中のヤマメを流れに戻してやった。それにしてもヤマメは、カメムシの臭いが平気なのだろうか。それとも、ヤマメに嗅覚《きゅうかく》はないのか。いや、あの悪臭《あくしゅう》が大好きなのかもしれない。

ガラン、ガラガラ、カラン

6月の初めに、東京から2人の友人が釣りにやってきた。2泊して、岩泉町の川を探るつもりだ。宮古市川井の柏木から、釜津田《かまつだ》へ通じる山越えの道に入りこんだ。しばらく走ると、くねくねした峠の道にさしかかった。

不意だった。右手のやぶから、黒いかたまりが飛び出した。あっ、熊。とっさに、ブレーキを踏んだ。間一髪、熊は転がるようにして、やぶの中へ消えた。「今の、なに」「えっ、熊なの」と彼らは、目前を横切ったのが熊だと、信じられない顔つきだった。

峠を下りたら木立の間から、外山《そとやま》川の流れが見え隠れしてくる。少し広くなった林道の脇に車を寄せ、釣り支度をした。彼らは熊よけの鈴を腰だけでなく、ザックにもぶら下げる念の入れようだ。歩くと鈴の音が、何ともにぎやかだ。谷底から空は見えないが、木漏れ日のおかげで谷間が意外と歩きやすかった。間もなく、二股の流れにぶつかった。そこで彼らは右、僕は左の流れを釣り、ここへは午後3時までに戻る約束をした。谷が狭くな

くっきりした白点の、夏イワナ

る、だいぶ上流まで竿を振ったが魚の出はない。そろそろ戻る時間だ。
木漏れ日の流れに、毛バリを放りこんだ。バシャッ。光の玉が砕けた。足元に寄ってきたのは、白点のくっきりした、みずみずしい夏のイワナだ。二股の流れ出しに戻ったが、彼らの姿はなかった。だんだん心配になってくる。と、セミの鳴き声に混じって、かすかに鈴の音がした。「ガラン、ガラン、カラ、カラ」。あっ、帰ってきた。次第に鈴の音が高くなり、こっちに近づいてくる。「ガラン、ガラガラ、カラン」。

イワナとヤマメの棲《す》み分け

暑い日が続いていた。あと1週間もすれば、アユ釣りが解禁となる。その前にイワナでも釣ろうと、花巻市大迫町《おおはさままち》へ向かった。空は真っ青で、日差しがまぶしい。この暑さで、アユの育ちも良いのではと、稗貫川《ひえぬき》をのぞきこんだりした。

上流の岳《たけ》集落の下手、中の貝あたりから谷底に下りた。周囲の森から、セミの鳴き声が降ってくる。清らかな流れが、きらきらと岩の間を縫っている。毛バリを放りこんでいった。ごろごろした岩場を越えていく。じっとりと汗ばんできた。だんだん山が深くなり、枝葉が谷間を覆ってくる。木漏れ日の中に入りこむと、ひんやりした。岩の間の狭い流れに、ぽんと毛バリを落とした。ピチャッと、小さな水しぶきが立った。クク、クイと竿先がしなり、足元に転がってきたのはヤマメだ。イワナと思ったのだが…。

この辺りは昔から、イワナだけの生息地であったはずだ。イワナは谷川の上流に、ヤマメは下流にすむことを「棲《す》み分け」という。きちんと守られていたのが、最近はイワナだ

谷川の上流でも釣れるヤマメ。でも、やっぱりイワナがいい

けの生息場所に、ヤマメがすみ着いた川も見受けられる。それは漁業組合が、イワナの生息域にヤマメを放流したことが、理由の一つともいわれている。さらに釣り上ったが、出たのはヤマメだった。何も、ヤマメに文句があるわけでない。これからの季節、せみ時雨《しぐれ》の夏。深山の谷川での釣りを、「山釣り」と呼ぶことがある。この山釣りにふさわしいのは、イワナであって、ヤマメではないのだ。

アユ釣りの夏

起きたのは午前2時。ほとんど寝ていない。眠れないのだ。約束の3時。友人のKさんが車で、迎えに来てくれた。薄明かりの中、砂鉄川沿いを行くと、車が止められる所は、どこもふさがっていた。摺沢《すりさわ》地区の上流で、少し広い路肩が空いていた。辺りの景色が薄ぼんやりと、浮かび上がってきた。支度をし川岸に下りた。川音が、いやに高く耳に届いてくる。アシ原を抜けたら、前を歩いていたKさんが「ひゃー」と声を上げた。川は増水し、赤茶けた濁流《だくりゅう》になっていた。そういえば昨日の昼ごろ、こっちの方角からしきりに雷の音が聞こえていた。あれは集中豪雨でなかったのか。川の水が増えたのは、そのせいに違いない。

下流の様子を見に行った彼が、戻ってきた。昨日の夕方からすれば、水はだいぶ引いていると泊まりこんでいた釣り人が話していたという。

待つことにした。岸辺に腰を下ろし、川とにらめっこしていると、ついうとうとしてし

いつの年も初アユは心が躍る

まう。4時間ほどがたち、時計は8時を回っていた。すっかり夜が明けた。水の色はささにごりになり、流れに沈んで見えなかった岩が顔を出した。「ちょっと、やってみます」と彼が前の流れに、種アユを放った。いきなり、ツツ、ツーと目印が走って竿先が曲がった。野アユの追いだ。掛かりアユを、たも網に引き抜いた彼は、にっこりした。急いで僕は下手の瀬に竿を出した。ひとつ、ふたつとアユが掛かり始めた。日が高くなった。晴れ渡った空。暑い日差し。セミも鳴き出した。アユ釣りの夏がやってきた。

酷暑のアユ釣り

「この炎天下で釣りですか。干物になっちゃいますよ。年寄りは一番、危ないんだから」。背後からカミさんの小言が、追っかけてきた。

「分かっている。もうだいぶ、ひからびているんだ。どうってことねぇ。川で行水でもしてくる」。そうごまかして、家を抜け出した。

いくら酷暑の夏でも、家に引っこんでばかりもいられない。今、アユ釣りの狙い時なのだ。どこか近場で、割と水量のある川はないか。浮かんだのは、大迫の町中を流れる稗貫《ひえぬき》川だ。大迫の町裏に入り、川沿いを走りながら、心当たりの場所をのぞきこんでいった。どこも川底の石は、うっすらと泥に覆われ、コケを食べたアユのはみ跡もまばらだった。しばらく、雨が降らないせいだ。下流へ走り、町はずれの橋から川を眺めると、下流の浅瀬で4、5人の釣り人が、竿を出しているではないか。車を橋のそばの狭い空き地に、突っこんだ。

炎天下の稗貫川。野アユの追いはついになかった

土手の道から川に下りた。かっと、日の光が降りかかった。むっとした暑さ。流れに立ちこみ、オトリアユを放った。何度も場所を変え、オトリアユも取り換えた。野アユの追いはなかった。じりじりした日差しに、体が焼けるようだ。汗が噴き出し、ぼぉーと顔が熱い。ふと気がついた。いつのまにか、下流にいた釣り人の姿が消えていた。竿を上げ、よれよれのおとりアユを流れに逃がしてやった。

へとへとになった僕は、川から上がった。土手の草むらの中に、だいだい色のヤブカンゾウの一群が、暑さにめげず咲き誇っていた。

イワナの「避暑地」

お盆が過ぎても、だらだらと暑さが続いていた。今日も暑い。どこか涼しい場所に、もぐりこみたかった。大迫町から岳《たけ》川の上流へ走り、狼久保《おいのくぼ》付近の橋の上で川を眺めていた。ふいに、背後で車の止まる音がした。

「釣りか? このごろよ。岳川や薬師川で熊のやつ、川岸をうろついていてさ。川さ入ったり出たり、してるっていうがよ。熊も暑いんだろな。気いつけてな」と、地元の人だろうか。そう警告して男は、去っていった。岳集落から、曲がりくねった山道を上り下りして、薬師川に出た。車を少し奥まった道に寄せた。

ザックには熊よけの鈴をつけ、やぶの斜面から谷底に下りた。さぁーと涼気が、体にまとわりついた。エゾゼミの鳴き声が、谷間から湧き上がっていた。ここから、およそ1・5キロの区間。森に埋もれた谷間は、薄暗くひんやりしている。それでも枝葉からこぼれる木漏れ日が足下を、ほんのり明るくしていた。じゃぶじゃぶと、流れを踏みしめながら

場違いなほど大きなイワナ。あの沢は「避暑地」だったのだろうか

足を運んだ。時々歩みを止め、周囲に耳をそばだてた。どうも熊が気になってしまう。

しばらく釣り上ると、左手から本流に、チョロチョロと沢が流れ落ちていた。その落ち口に毛バリを放りこんだ。ふっと毛バリが消えた。慌てて竿先を上げたら、ジャーとリールの糸が引き出された。こらえていると動きが弱まり、イワナが足元に寄ってきた。おー、でかい。たも網ですくった。あんな所に、イワナが居るとは…。毛バリをはずすと、イワナは元の場所に素っ飛んでいった。そうか。あそこがやつの避暑地なのだ。

台風接近の日曜日

やれやれ、また台風がやってくる。今度は超大型で、岩手県への接近が9月4日ごろという予報だった。アユ釣りが楽しめる日は、わずかしか残っていないのに…。

9月2日の日曜日。友人のKさんと、沿岸の閉伊《へい》川に駆けつけた。真っ先に向かったのは腹帯《はらたい》。川の周囲を見渡すが、一人の釣り人も見当たらない。この辺りは、よくアユが釣れている、という情報だったはずだが…。とにかく竿を出してみることにした。曇天《どんてん》だが時々、雲の切れ間から日差しが川面を照らした。あのうだるような暑さは消えていた。涼しい、と感じるのは久しぶりだった。

ふたりはちょっと間を空け、上と下に分かれて、竿を出した。瀬を選びながら、オトリアユを放った。しばらく粘るが、まったく野アユの追いはなかった。彼と相談して、ここを切り上げ移動することにする。上流へ走り川沿いの道を行くと、ちらほら釣り人の姿があるではないか。空いている場所を見つけ、川岸に下りた。澄んだ石まわりの流れに、オ

アユの夏は、これでおしまい

トリアユを放った。ツツーと、目印が揺れ竿先が引きこまれた。やっと来た。大事に掛かりアユを寄せ、たも網ですくった。しつこく石まわりを狙ったが、野アユの追いは続かなかった。

下手から彼が帰ってきた。何尾？　と聞いたら、彼は指を2本立てた。ふたりは川岸に腰を下ろし、遅い昼飯を食べた。かすかに、ミンミンゼミの鳴き声が届いてくる。どこか元気がない。「これで、アユの夏は終わりだね」。ぽつんと、彼がつぶやいた。

川から消えたバイカモ

話の発端は、三十数年前になろうか。この年の夏は雨が少なく、ひどく暑かったことを覚えている。どこの川も渇水し、アユ釣りは芳しくなかった。それでも、この日遠野の猿《さる》ケ石川《がいしがわ》へ出かけた。鱒沢《ますざわ》の「種アユ屋」に立ち寄った。

「いい種アユ、残ってねぇんだ」。おやじさんは、いけすのふたを開けた。いけすの中には、鼻先が白くなった弱々しい種アユが数尾見えた。彼はよれよれの種アユを売るのが悪いと思ったのか、2尾で800円を500円にまけてくれた。

「あのよ。だめだったらな。バイカモのとこ、狙ってみたらいい」と、彼は妙なことを言った。まず綾織《あやおり》の緩やかな瀬に、種アユを放った。ヒラヒラと、すぐに種アユは浮き上がってきた。2尾目に換えても同じだった。野アユの追いはなく、じりじりと日差しが暑かった。ふっと、別れ際のおやじさんの言葉が浮かんだ。確か、バイカモの所を狙えと言っていた。少し上手に移動すると、真っ白で梅のような花をつけたバイカモが、帯状になっていた。

かつては川のあちこちに根を下ろしていたバイカモ

流れの中に揺れていた。そっとバイカモの根元に、種アユを沈ませた。と、黒い影が種アユに体当たりしてきた。グ、グーと竿先が引きこまれた。それが皮切りで、バイカモの中に潜んでいた野アユが飛び出し、入れ掛かりとなった。僕は野アユに引っ張り回され、へとへとになっていた。

後日、バイカモの中がアユ、ヤマメ、イワナにとって、大切な休息場所であり隠れ家でもあることを知った。昔、バイカモは、川のあちこちに根を下ろしていた。しかし気がつくと、今バイカモはほとんどの川から消えてしまった。

幻の魚止めの滝

40代の頃、和賀郡沢内村（現西和賀町）の谷川で、山菜採りの村人から、こんな話を聞いた。「大荒沢《おおあらさわ》川の魚止めの滝さ、行ったごどあっか。ねぇのが。そごはよ、でげぇのが、うじゃうじゃいるイワナの巣だ。でもな、滝まで歩いて、4、5時間はかかるべ」

どうも信じられなかった。滝の高さは20メートルほどと言っていたが、5万分の1の地形図に滝の記載はなかった。しかし村人が僕に、嘘《うそ》をつく理由はないはずだ。滝のことが、脳裏から離れなかった。黙っていられなくなって、釣り仲間のYさんに事情を説明したら、彼は確かめに行こうと乗り気になった。夜明けが早い夏の朝。林道の車止めから、大荒沢川に踏みこんだ。休むこともなく、ひたすら滝を目指して歩き続けた。どのくらいたったのだろうか。次第に山あいが狭くなってくる。ゴロゴロした岩場を越えたら、突然ドドーンと水音がし、目の前に滝が立ちはだかった。村人が言った通り、魚止めの滝はあった。早速釣りを始めた。まぁまぁのサイズだけで、大イワナは釣れなかった。心残りだが、長

消滅した魚止めの滝。元々は地図にも載っていなかった

居はできなかった。時間がないのだ。車まで戻った時は、へとへとになっていた。日がとっぷりと暮れていた。

それから長い年月がたち、友人の1人から大荒沢川の魚止めの滝が、崩壊し消滅したとの知らせが入った。彼は、2008年6月の「岩手・宮城内陸地震」の影響でないかと言った。元々、地図になかった幻の滝。滝があった証しは、僕の手元に残った一葉の写真だけになった。

出た、大イワナ

猛暑のせいか、魚が1尾も釣れないことが何度もあった。せめて最後の日ぐらい、でかい魚にありつきたいものだ。そんな思いを同じくする、友人のSさんが道連れとなった。

9月の終わり。大迫町の岳川から、山を越え薬師川に下りた。「涼しくなったんでよ。腹減らした熊が、あっちこっちで動きだしたようだ」と彼は、熊よけの鈴を腰と、ザックにもぶら下げている。それと、僕の腰にも鈴。「ガラガラ、チリン、チリン、ガラガラ」。なんとも、にぎやかな鈴の合奏だ。これだと、熊より魚が逃げ出すのではないか。小一時間ほど、毛バリを振った。魚は、うんともすんともない。早々と見切りをつけ、川井から閉伊川の上流へ走り、川に下りられそうな場所を探した。川内《かわうち》の付近で、道端に車を寄せた。

彼は川の左岸、僕は右岸を横に並んで釣り上った。出ない。魚の気配すらなかった。それでも粘って、毛バリを振りこんでいった。岸辺の岩陰で、ピチャッと水がはじけた。水

友人が釣り上げた大イワナ。思わずニンマリ

面を転がってきたのは、手のひらに乗る小さなヤマメだ。その時、「出たぁー」。彼の大声が聞こえた。目をやるとガン、ガンと竿先が揺れ、けたたましい水音に水煙が立った。彼は後ろに下がりながら、強い引きをこらえている。少しずつイワナが、彼の足元に引き寄せられてくる。彼は手早く、たも網ですくった。両手で大イワナを抱えた彼は、ニンマリした。彼はイワナを、流れに返してやった。ここらが竿の納め時のようだ。川から上がった。真っ青な空に、赤トンボの群れが、きらめき舞っていた。

防波堤の「名人」

10月の声を聞くと、手のひらを返したように朝晩が涼しくなった。秋が夏を強引に、押しのけたようだ。今年の川釣りも9月で終わった。なんとなく、ぼさっとしていたら「防波堤で、小物でも釣りませんか」と、友人のKさんから誘いが掛かった。それもいいかと、二つ返事で同行をお願いした。

この日、空は明るく風もなかった。のどかな釣り日和だ。同乗者は、彼のお父さんを入れて3人。お父さんは85歳で、防波堤釣りが好きで、よく出掛けているという。釣り場は宮城県気仙沼市唐桑町の大沢漁港。釣り方は「さびき釣り」といって、ハリスに7、8本の擬餌《ぎじ》バリをつけ、オキアミなどのまき餌《え》で魚を集めて釣り上げる。子どもや女性でも手軽にやれるので、今日も家族連れやカップルが竿を出していた。久しぶりの小物釣りなので、仕掛けをつけるのにもたもたしていたら、「ほい、来た」と横から声がした。隣のお父さんの竿がしなり、キラッ、キラッと魚が躍り上がった。イワシだ。それも3尾。寄せ

「防潮堤の名人」が釣り上げたイワシやチカ

餌《え》をまくと、海面までワァーとイワシ、チカ、タナゴなどが浮かび上がってくる。食い気が盛んだ。一度に4尾のイワシが、ぶら下がってくることもあった。僕は湧いてくるような、小魚の群れに、てんてこ舞いだった。パイプ椅子《いす》で、一休みする間もない。手慣れた手つきで、入れ食いの魚を釣り上げているのは、お父さんだ。

そのうち、スーと魚影が海面から消えた。と、港内の一角に、さざ波が立った。海面に目を凝らした。悠々と港の中を回遊していたのは、おびただしいサケの群れだった。

アイナメなら大歓迎

秋も深まった10月の半ば。大船渡市三陸町吉浜《よしはま》に、カレイ釣り仲間11人が集まった。朝6時。11人は2隻の釣り船に分乗して、根白《こんぱく》の漁港から出漁した。どんよりした空で、夜が明けたのに海上は薄暗かった。船はだいぶ走って、湾の外で止まった。

「さぁ、いいぞ。深さは90メートルぐれえだ」、船頭さんの釣り開始の声。仕掛けを海中に投入した。深いので海底に、なかなか重りが届かない。トン。着いた。竿先をしゃくりながら、重りで海の底を何度もこづく。と、ズ、ズンと竿先が引きこまれた。当たりだ。魚の引きに合わせて、ゆっくりとリールを巻いた。手巻きのリールなので90メートルもの深さから魚を引き上げるのは、じれったくなる。やっと魚体が、海面に浮かび上がってきた。ヒガレイだ。その後、立て続けにヒガレイが4尾も釣れた。当たりが切れると、船は場所を変えた。移動したら、いきなりガタ、ガタと竿先が揺れた。重くて、リールが巻けない。時折、激しく竿先を引きこんだ。少しずつ、リールを巻き上げていった。隣のSさ

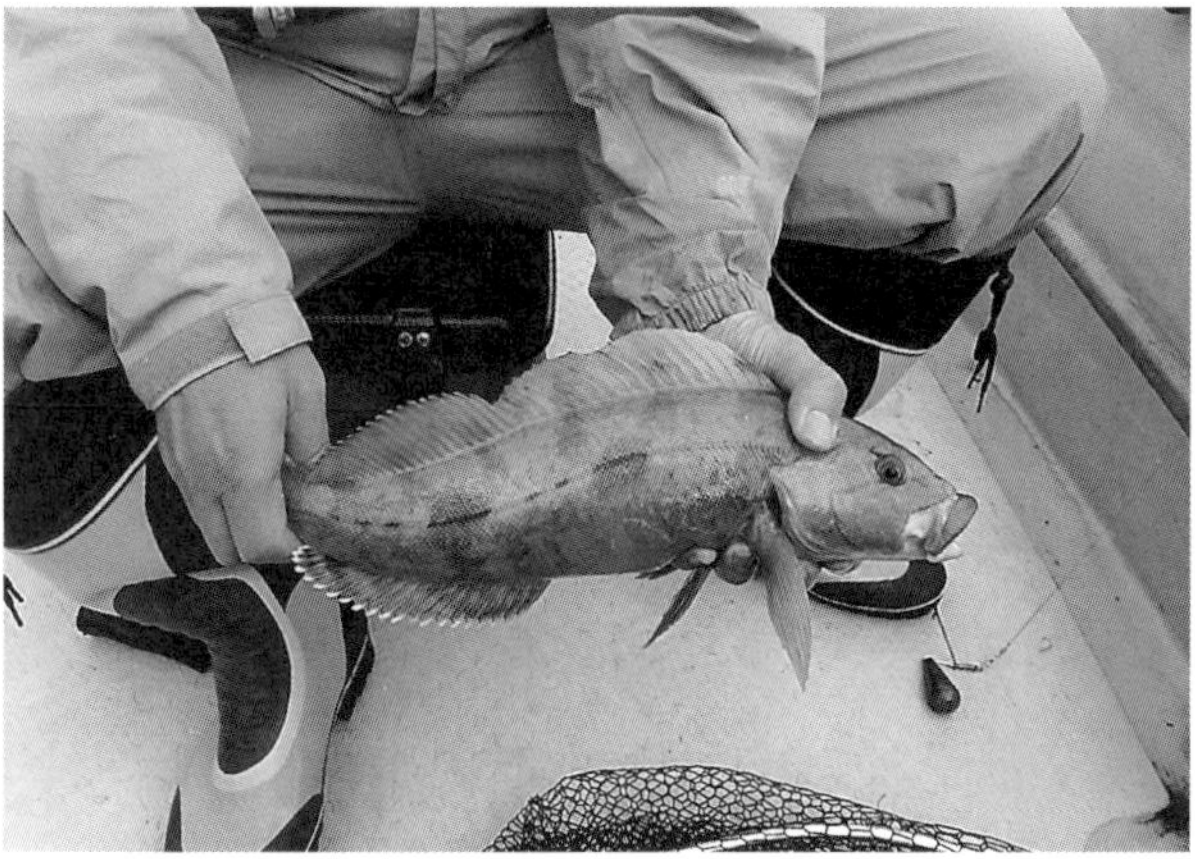

カレイ釣りにアイナメは外道。でも、でかいアイナメはうれしい

んが、たも網を手に待ち構えている。魚が見えた。アイナメだ。素早く彼が、たも網ですくい取ってくれた。「ほー、外道の大物だ。いいね。たっぷり刺し身がとれますよ」と、彼はうらやましそうな顔をした。

このごろ、なぜかアイナメが釣れなくなった。カレイ釣りにアイナメは外道とされるが、僕は大歓迎だ。雲の切れ間から日の光がこぼれて、海が明るさを増した。少し腕が、かったるい。でも今日は、釣果が上がりそうだ。

大槌の湧き水の川

11月の終わりに、友人のSさんと沿岸の大槌港へ出かけた。僕には、あの震災後初めてのことだった。岸壁や防波堤、周辺の施設も、すっかり様変わりしていた。湾内を見渡すと…、あった。海上に見覚えのある「蓬莱島《ほうらいじま》」が、ぽっかりと浮かんでいた。ほっとした。防波堤から数人の釣り人が、竿を出していた。しかし誰に尋ねても、今日は1尾の魚も釣れていないという。僕らも釣りに来たので、居並ぶ彼らの間に入れてもらった。Sさんは餌の投げ釣りで、僕は手軽な毛バリのサビキ釣り。青く澄んだ海中をのぞきこむが、チカ、イワシなどの魚影は、まったく見当たらなかった。まずいことに、魚を寄せるエビを持ってきてなかった。

しばらくしたら、釣り人が2人、3人と引き揚げていった。その後、隣で釣っていたおやじさんも帰ったので残ったのは僕らだけとなり、竿をたたんだ。

帰りしなに、ぜひ立ち寄りたい所があった。そこは港から近く、大槌川に流れこむ湧《わ》き

大槌の湧き水の川にいたサケのつがい

水の川、「源水川《げんすい》」だ。大津波にのまれても息を吹き返し、湧き水に生息する貴重な魚「イトヨ」の生命をも守った源水川のことを、後日ニュースなどで知る事になった。

「えー。大槌にこんな場所があったんだ。きれいだなぁー」、ここが初めてという彼は、バイカモが揺れる清らかな流れの岸辺を、行ったり来たりしている。と、「バシャ、ボショ」。大きな水音がして、ゆらっと目前にサケのつがいが現れた。ふたりは黙ったまま、海からやってきたサケのつがいに、見入っていた。

空振りの師走

冬の海は荒れる日が多い。凍《こご》えるような寒さの中、これまで何度かうねる高波に、釣り船から振り落とされそうになった。年を取るにつれ、そんな冬場の釣りが体力的に、つらくなってきた。それで12月のナメタ釣りを最後に、暖かくなる春の4月ごろまで海釣りを休むようになった。12月も、残り10日余りとなった。県南の一関地方では、古くから年越しにナメタガレイを、神棚に供え祝う習慣がある。そのため毎年、暮れのナメタ釣りに賭《か》けてきた。ところが、このところナメタにありつけない年があった。強風の日が続き釣り船を出せないので、じりじりしていた。

風が収まった数日後、出漁できるとの連絡が友人のKさんから入った。よかった。これで年内中に、ナメタ釣りができる。釣り場は、尾崎白浜漁港がある釜石湾。どんよりした冷たい朝で、今にも雪がちらつきそうだ。雲間から日の出がのぞく沖合で、船脚が止まった。同乗の6人は、皆ナメタに的を絞っていた。「ナメタ、釣ってやるぞ。さぁ来い」と、

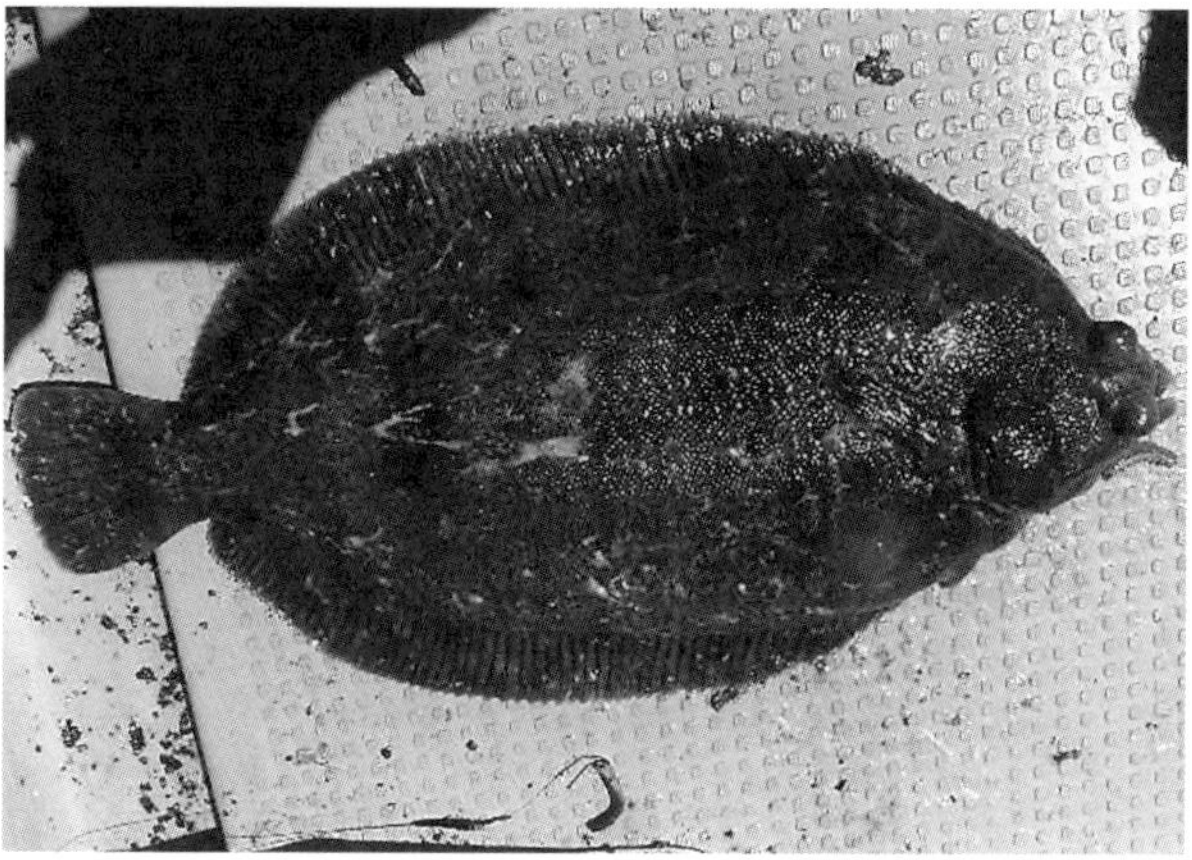

Ｓさんが釣り上げたナメタガレイ。年越しのナメタは結局、空振りに終わった

隣同士のＫさんが気合を入れた。魚の食いは鈍かった。船はあちこち移動したが、たまに引きはあるものの釣れるのはヒガレイ。そのうちに「出た、ナメタ」、背後で声が上がった。ナメタを釣り上げたのは、顔見知りのＳさんだ。船上が色めき立った。よし、今度はこっちの番だと、竿先をにらみつける。しかし僕も隣も、本命のナメタの当たりはなく、ずるずると時間だけが過ぎていった。

午後１時ごろ、釣りは終了。船は港に戻った。この日釣れた貴重なナメタはＳさんの１尾のみ。彼は喜んでいいものを、押し黙ったままだった。ナメタを手にしないまま、２０１８年の僕の海釣りは幕を閉じた。

2019年

氷上の大漁

寒いなぁ。ここは一戸町奥中山、大志田ダム「菜魚湖《ななこ》」の湖畔。暗闇《くらやみ》に立ちんぼのまま、ワカサギ釣りの開始時間を待っているのだ。日の出の6時15分にならないと、氷上の釣り場に立ち入ることはできない。ヘッドライトや懐中電灯の明かりが、あちこちに揺れ動いて、釣り人が詰めかけていた。「あと、5分です」、友人のKさんが僕に耳打ちした。

周囲が薄ぼんやりとしてきた。係員の合図が出た。人の山が動き、思い思いの場所に散っていく。僕とKさん夫妻は、予約していた貸しテントの中へ入った。まず暖かいストーブに、かじかんだ両手をかざした。体は冷え切っていた。夫妻はランタンの明かりの下で、手早く竿に仕掛けを取りつけている。視力が弱い僕は、薄暗い中での作業にてこずっていた。なにせワカサギ釣りのハリは小さく、エサをつけるのが、とてもやっかいなのだ。

僕がもたもたしているうちに、夫妻は早くもワカサギを釣り上げていた。それも立て続けだった。やっとエサをつけ終え、氷穴の中に下ろした。すぐに、ぴくっときた。キラッ

ほぼ２時間、夢中で釣り上げた菜魚湖のワカサギ

とワカサギが上がってきた。一度に3尾が、掛かることもあった。３人は一心不乱になっていた。

貪欲《どんよく》な食いが、２時間ほど続いた。当たりは徐々に遠のき、そして昼前。ぱたっと引きが止まった。ワカサギの食事時間が終わったのだ。僕には、久しぶりの大漁だった。隣のテントから笑いと、にぎやかな話し声が聞こえてきた。きっと彼らも、大釣りをしたのだろう。

解禁日のきゃっぱり

寒い、寒いとこぼしていたら、3月は目の前に来ていた。3月は僕にとって、ずっと特別な月だった。それは1日に、川釣りが解禁になるからだ。長い間、欠かさず解禁日に出かけていることが、生きがいになっていた。

それが正直言って最近、解禁日をはずすことが一度ならずあった。言い訳がましくなるけれど、10年ほど前のことだった。解禁日、雪がちらつく冷たい朝だった。友人のTと、夜明けの気仙川へ向かった。流れに立ちこむと、足元からじわじわと冷気がはい上がってくる。凍《こご》えるような寒さに、手がかじかみハリにエサを、なかなかつけられなかった。川の中ほどで釣っていた、彼の竿が大きくしなった。ヒカリかと聞いたら、ヤマメと彼が答えた。対岸を狙おうと、前に足を踏み出した。と、足をかけた岩が、ぬるっと滑った。そのまま、あおむけに流れへ倒れこんだ。起き上がろうともがいても、重い胴長靴のせいで、手足をばしゃばしゃするばかり。飛んで来た彼が手を貸してくれ、やっと立つことができ

盛川のヒカリ。解禁日の「きゃっぱり」でさんざんな目に遭ったことも

た。冷たくて体に、ぶるぶる震《ふる》えが走った。

それで風邪をひいた。

「心臓まひ起こしたら、どうするんですか。もう、年なんですから」と、カミさんからは小言をもらった。解禁日をためらうようになったのは、きゃっぱり（川などで転び、ずぶぬれになる）した、あの日がきっかけだった気がしている。

もう、きゃっぱりは、ごめんだ。今年は、のろくてもいいから一歩ずつ足元を確かめて行くつもりだ。

川釣り解禁

明日は3月1日。いよいよ川釣りの解禁だ。当日、雨が降ったり雪がちらつくようなら、出かけるのはやめる気でいた。天気予報は晴れ。気温も上がり、寒さが和らぐという。それならばと重い腰を上げ、釣り支度に夜遅くまで、ばたばたしていた。解禁日の朝5時。友人のSさんが、車で迎えに来てくれた。

しらじらと夜が明けた、大原の町並みを抜け山あいの峠から、陸前高田市の矢作《やはぎ》町に下りた。矢作川の様子を見ようと、川端に車を寄せた。「ありゃ。水、少ねぇ」、ぼそっと彼がつぶやいた。川の生気が消えた渇水《かっすい》の流れに、川岸のネコヤナギも、どこか寂しげだった。見渡しても、釣り人の姿はなかった。さらに気仙川沿いを走りながら、川をのぞきこんでいった。誰もいない。盛《さかり》川に回りこみ、深場の流れで餌《えさ》を放りこんだら、グーと竿先が引きこまれた。ただただ重い引き。すーと浮いてきたのは、でっかいハヤ。

それから吉浜《よしはま》川、熊野川…と、つまみ食いするみたいに、あちこちで竿を振った。だめ

うっすらと紅をはいた早春のヤマメ

だった。狙ったヒカリは、1尾も釣れなかった。でも小さいながら、うっすらと紅《べに》を刷《は》いた、早春のヤマメに出合うことができた。何にしろ、よろけながらも解禁日の川を歩けたことに、ほっとしていた。そろそろ昼時だ。腹もすいてきた。この辺で竿をたたみ、どっかでワカメがたっぷり入った、あったかいラーメンを食いたかった。

何も焦ることはない。釣りの旅は、始まったばかりなのだから。

今日もまた…。

3月も末になった。昨日は暖かだったが、今日は寒い。家を出たのは昼ごろだった。時間がないので、真っすぐ大船渡の盛川へ走った。まだ海へ帰らない、居残りヒカリがうろうろしている気がしたのだ。

長安寺《ちょうあんじ》付近の広い路肩に車を寄せ、枯れアシの広がる下流へ足を向けた。アシをかき分け、川岸に抜け出た。川の水はからからだった。雨が少ないせいだ。川の上下を見渡したが、釣り人の姿は見当たらなかった。岸辺のアシに、ハリを引っかけないよう竿を振っていった。川幅が狭くなると、流れの中を歩いて餌を放りこんだ。二つ、三つ小さな岩が見える流れに、そっと餌を落とした。チョン、チョンと竿先が揺れた。竿先を上げると、水しぶきが立ち魚が水面に飛び出し跳ねた。と、するっと魚は、流れに消えていった。ハリが、外れたのだ。ヒカリではなく、小さなヤマメだった。釣り上って行くと、流れが速い瀬の向こうに、深場が見える。瀬に踏みこんだ。途端、足元がふらつき岸のアシ原へ横倒

土手に次々と顔を出したバッケ。春の風味は毎年の楽しみなのだが…

しになった。慌てて起き上がり足を見たら、右足の靴底がぱっくりと口を開けていた。強い流れにフェルトの部分が、はがれたのだ。流れに転倒しないで助かったが、これでは川の中を歩けない。戻り道。右足を上げるたびに、パタン、ペタンと靴が音を立てる。靴底がはがれて、これで釣れない言い訳はできたが、腰がしくしく痛む。

日当たりよい道端の土手に、ぴょこぴょことバッケが顔を出していた。しかたがない。今日もまた、手みやげはバッケでがまんしてもらおう。

春の突風

「ごごっ、ごぉー」。いきなり横なぐりの風が、体にぶつかってきた。あぶなく帽子を飛ばされそうになり、慌《あわ》てて手で押さえた。ざわざわと、周囲の樹木が揺れている。あー、嫌な風がやってきた。

沿岸では春先になると、なぜか風の吹く日が多い。しばしば突風となって、海は大荒れになる。そよ風ぐらいなら構わないが、釣り竿をなぎ倒すほどの強風は、やっかいものだ。この日、気仙川沿いに民家が点在する、世田米《せたまい》付近の流れを釣り上っていた。今日は餌釣りでなく毛バリ釣りだ。川虫の羽化も始まり、そろそろ魚たちが毛バリに興味を示す頃ではと、考えてのことだ。

風がひどくならないうちに、何か魚の反応が見られたらいいのだが…。石まわりの緩やかな流れを見つけ、毛バリを落とした。と、横合いから吹いてきた風が、毛バリをさらっていった。毛バリは岸辺に張り出した木の枝に、絡み付いてしまった。時々、ごぉーと突

毛バリに食いついたヤマメ

風がうなり声を立てた。風の切れ間を盗んでは、竿を振っていった。前方のやぶの中に、深そうな流れが見えた。でも流れは狭くて、毛バリを振れば、やぶにつかまりそうだった。いちかばちか、毛バリを放りこんだ。

ふらっ、ふらっと毛バリは、流れの中に落ちた。と、岸辺の草陰から、スーと魚影が浮かび上がった。食った。竿先を上げた。やぶの流れから、ヤマメが転がり出てきた。「ごくろうさん」と、声を掛け、ヤマメの口から毛バリを外した。ここが潮時だった。竿をたたんだ。ますます風が強くなっていた。

只今、食事中

桜が咲き始めた。家を出たのは、4月20日の朝だった。空は真っ青に晴れている。日差しはやわらかく暖かだ。海へ向かった。

釣りをしながらの花見には、歩きやすい沿岸の川がよかった。矢作川、気仙川と川をのぞきこんだら、春先には見かけなかった釣り人が、ちらほら竿を出している。なんと盛川にも釣り人の姿があった。これは、魚の食いが活発になったということか…。

上流へ走って路肩に車を寄せた。点々と川岸や家の周りに、桜が見える。満開だ。ザックを背負い、土手から川岸に下りた。水は少ない。しばらく浅い流れに、毛バリを放りこんでいった。魚の反応はない。前方、対岸の林の中に、紅を散らしたような1本の桜が見えた。気がついたら、とうに昼が過ぎていた。真向かいの桜が見える河原に、腰を下ろした。花を見ながら、食事がしたかったのだ。ザックから、買ってきた団子とお茶を取り出した。団子をほおばりながら、桜の花を眺《なが》めていた。と、目前の流れがはじけた気がした。

淡い紅色をまとったヤマメ。桜の咲く時季にちなんで「サクラヤマメ」と呼ぶ人もいる

ん？　目を凝らす。「バシャッ」。水しぶきが立った。

間違いなく魚だ。川虫をあさっているのだ。こっちも食事中なのだが、食いかけの団子を置き、そっと釣り竿をつかんだ。膝《ひざ》をついたまま、魚が跳ねたあたりに毛バリを落とした。2投目。水面が盛り上がり、バサーと魚が毛バリに覆いかぶさった。竿先がガクガク揺れ、一気に魚は下流へ走った。竿を立てこらえた。数歩下がって、魚を岸辺に引き寄せた。淡い紅色の魚体は、ヤマメだ。まるで桜の花びらみたいだ。そういえば、花見時のヤマメをサクラヤマメと呼ぶ釣り人もいる。食事のじゃまをした詫びを言って、ヤマメを流れに戻した。

令和の初イワナ

令和元年。友人のKさんと、泊まりがけでの釣りは、5月の連休明けだった。いつもは行き当たりばったりの旅なのに、新しい年と聞くと、何か新鮮な気持ちになるから不思議だ。

盛岡の町を離れ、区界峠《くざかい》を越えたら周辺の山や林は、芽吹きの煙ったような萌黄色《もえぎ》に包まれていた。車を止めては、閉伊《へい》川の流れをのぞきこんだ。川は増水し、流れに勢いがあった。2日前の雨のせいだろうか。これでは流れに立ちこむのが危険だ。門馬《もんま》付近で、右の脇道へ折れた。Kさんと相談して、本流は避け支流の様子を見ることにしたのだ。枝川は濁りもなく、大した水位でなかった。2人は距離をとって、別々に釣り上ることにした。

空は曇っていた。雨はもちそうだが、時々吹いてくる強風が厄介《やっかい》だ。だいぶ釣り上ったが、魚は毛バリに見向きもしなかった。川岸を歩いて行くと、草むらの中に、ぽっぽっとキクザキイチゲ、カタクリの花が咲いていた。前方に半ば流れを遮《さえぎ》るかのように、大きな

令和初のイワナ。毛バリが流れに落ちた瞬間、食いついた

岩が横たわっていた。その岩の前が、緩やかな深場になっている。

放った毛バリが風にあおられ、岩肌にぶつかってポトリと流れに落ちた。ガボッ。いきなり毛バリを食った。グィー。竿先が引きこまれ、ガク、ガク揺れる。強い引きをこらえていたら、スーとおとなしくなり、足元に寄ってきた。たも網ですくった。令和の初イワナだ。イワナの口から毛バリを外すと、のそりと魚体を揺らし流れにもぐりこんでいった。いつしか風がやんでいた。彼を追いかけようと思ったが、少し疲れたのでここで戻るのを待つことにした。明日はどこへ行こうか。

小国川の「幅広ヤマメ」

この日、繋《つなぎ》の集落の下手から、閉伊川の支流小国《おぐに》川に入りこんだ。ちょうど、山吹《やまぶき》の花が満開だった。

時々立ち止まっては、川岸に咲きこぼれる金色の花に目をやった。山吹が咲く頃がヤマメ釣りの好期で、釣れたヤマメを「山吹ヤマメ」と呼ぶこともある。昔、小国川では、握っても指が回らないほどの、太いヤマメが釣れた。小国川名物「幅広ヤマメ」と釣り人は称賛したものだ。ところが長い年月の間に、幅広ヤマメは減っていった。そして釣り人の話題に、上ることもなくなった。

繋から堂道《どうどう》あたりに、さしかかっていた。風はなく曇天《どんてん》で、時折、雲間から日差しがのぞいた。水位が少し高いので、転ばないよう歩きやすい流れを選び、毛バリを振りこんだ。岸辺のアシの陰で、ピチャッと水がはじけた。かわいいヤマメが、足元に転がってきた。それきりで、ぴたりと魚は出なかった。川から道路に出ると、上流の支流を釣っていた友

小国川のイワナとヤマメ。かつて名物だった「幅広ヤマメ」はどこへ…

人のKさんが、戻って来るのが見えた。餌釣りの彼は、小さなヤマメが2尾釣れただけと、渋い顔つきをした。上流へ移動した。

山陰には、まだ残雪があった。ふたりは前になり後になりして、釣り上っていった。バシャー。水柱が立った。突然、岩陰から毛バリに食らいついた。思わず力をこめ、竿をはね上げていた。「ググッ、グッ」。竿先がグイと曲がった。と、ふわっと軽くなった。しまった。ギラッと白い魚体が、ひるがえって消えた。ハリが、もぎとられていた。あいつは、もしかして…。

冬に釣れてほしい

5月の半ばになり、頻繁《ひんぱん》に強い風が吹いた。船釣りを予定しても、波が高くて出漁できないとの話だった。そのうち風は和らぎ、船を出せるとの知らせで、重茂《おもえ》の漁港にカレイ釣りの仲間6人が集まった。

夜明けの5時。釣り船は港を、滑るように抜け出た。釣りの準備をしていたら、隣のSさんが話しかけてきた。「聞きました？　昼前ごろに、風が出てくるそうですね」。彼は顔を曇らせた。えー、そうなの。まだ風は、すっかり収まっていないのか。「いいぞぉ」。船頭さんの声。いまのところ、風もなく波は静かだ。「よし風が吹き出す前に、ばんばん釣ってやるぞ」。仕掛けを海中に、投げ入れた。

重りで海底を小突きながら、じっと竿先を見つめる。と、「出たよー」。船内から声が上がった。ヒガレイという声も聞こえた。気にしないで、しょぼしょぼする目を開き、竿先をにらみつける。何度か船は、釣り場を移動した。日が高くなった。陸や半島のみずみず

冬場に釣れてほしかったナメタガレイ

しい新緑が、明るい日差しの中に浮かび上がった。ぼさっとしていたら、ガタ、ガタと竿先が揺れた。来た。リールを巻くが、ずしりと重い。海面を割ったのは、ナメタガレイだった。あーあ、冬場に釣れてほしかった。

「うぇー。でけぇ。53センチもあるぞ」、急に背後が騒《さわ》がしくなった。振り向くと、床に丸太ん棒みたいなアイナメが、横たわっていた。自分の席に戻ると、続けてヒガレイが出た。その時だ。バァーと、突風がうなった。あー、とうとうやってきた。

氷河期の生き残り

盛岡での用事が、意外と早く片付いた。さて、どこへ行こうか。ふと、ある川が頭に浮かんだ。ある川とは以前に、ちょくちょく出かけていた、西和賀の川だった。ところが数年前、大雨に見舞われ、川の護岸が崩れるなどの被害が、あちこちに出た。それで、しばらく西和賀から、遠ざかっていたのだ。

雫石町の御所《ごしょ》湖経由で、山伏《やまぶし》トンネルを抜け、西和賀町沢内《さわうち》地区に入った。どの川も枯れていた。ちょろちょろした流れに、川底の石がむき出しになっている。雨が降らない、せいだろうか。上流はどうなのか。迷いながら、前郷《まえごう》から右手の枝道に折れ、本内《ほんない》川の奥を目指した。ここも水位は、だいぶ落ちていた。でも新緑のブナの谷が、すがすがしかった。

谷間に降りて、澄《す》んだ流れに毛バリを放りこんでいった。いくらやっても、まったくイワナの気配はなかった。しかたなく下流に戻り、ヤマメを狙って、田んぼの脇の流れを釣

西和賀で出合ったウスバシロチョウ。氷河期の生き残りと言われている

り上った。なんの手応えもないまま、我慢して竿を振り続けていた。その時、ふわっ、ふわっとチョウが目の前をかすめた。あれっ、もしかして…。川岸に竿を置き、急いでチョウを追いかけた。チョウは、草むらの葉っぱに止まった。やっぱり、氷河期の生き残りといわれる、「ウスバシロチョウ」だ。

イワナ、ヤマメは1尾も釣れなかった。でも、ウスバシロチョウに出合えたのは幸運だった。竿をたたみ、川から土手に上がった。そうだ。ここから真昼《まひる》温泉は近い。ゆっくり湯につかって、帰るとするか。

清らかな香り

7月1日。アユ釣り解禁。その数日前から、降ったりやんだりの雨模様だった。気掛かりは川の増水だ。解禁当日、砂鉄川に駆け付けた。やはり水位は高い。でも大した濁《にご》りではない。水の引くのを待つ釣り人が、ちらほらと川岸にいるではないか。昼近くになった。いくらか水が減ったようだ。しびれを切らして、竿を出した。いくら粘っても、まったく野アユの追いはなかった。結局、買った2尾の種アユを川に放して、すごすごと家に帰った。骨折り損のくたびれもうけとは、このことだ。

6日の土曜日。再度、砂鉄川へ向かった。連れは、友人のKさんだ。川の水位は、ほぼ平常時に戻っていた。川沿いを走り、摺沢《すりさわ》地区の上流へ入りこんだ。川岸に立ち周囲を見渡すと、下流で数人の釣り人が竿を並べていた。僕は歩きやすい緩やかな流れに入り、上流へ行くという彼は、足早に去っていった。曇天のせいか、肌寒かった。流れに手を突っこんだら、ひやっとした冷たさが走った。まだ川の水温は低いのだ。浅瀬におとりアユを

砂鉄川の初アユ。川の水はまだ冷たかった

送りこんだ。と、ククッ、ククッと竿先が引きこまれた。引き寄せ、たも網につるしこんだ。初アユは小ぶりだが、握った指先から香魚にふさわしい清らかな香りがこぼれた。まぁまぁの型が、一つ、二つと釣れた。そのうち追いは途切れた。何度か場所を移動した。野アユの追いはなく足がもつれ、へとへとになった。ぺたりと、川岸に座りこんでしまった。空はどんよりしたままで、セミの鳴き声も聞こえてこない。Kさん、どこまで行ったのだろう。アユは釣れているのだろうか。

夏イワナ

そろそろ、山釣りの季節だ。「山釣り」とは、森の緑が濃くなった、夏場。暑い日差しを避けて、山あいの谷に分け入り、イワナを釣る。そう、山釣りといえばイワナなのだ。

暑い夏こそ、山釣りにかなっているのだが、7月半ばになっても、涼しい日が続いていた。そんな折、東京近郊に住む友人のMさんが、岩手にやってきた。いつも彼は一人で、決まって夏に顔を見せる。以前、なぜ夏なのか、尋《たず》ねたことがあった。「セミしぐれの谷。そしてイワナ。夏、好きなんですよ」と彼は、きまり悪そうに答えた。

薄日が差す曇り空の中、遠野の町並みを抜け猿ケ石《さるがいし》川の上流へ向かった。川沿いの林道脇に車を寄せ、谷に下りた。「あー、セミ。元気ないな」とぽつりと彼がつぶやいた。谷底はひんやりとして、かすかにセミの鳴き声が聞こえてくる。彼は澄み切った流れに、毛バリを放りこんでいった。僕は竿を出さずに、彼の後についていく。しばらく釣り上ったが、イワナは毛バリに見向きもしなかった。

夏の山釣りといえばイワナ

ここに見切りをつけ、荒川沿いから山越えし、薬師川へ移動した。木立をくぐり抜け、やぶの斜面から谷に下りた。ゴロゴロした岩場の流れに二人は、丁寧に毛バリを落としていった。気のせいか、セミの鳴き声が高く届いてくる。その時、前方にいた彼の竿が弓なりに、ガク、ガク揺れているのが見えた。水しぶきが上がった。彼はゆっくりイワナを引き寄せ、そっとたも網ですくった。彼は顔をくしゃくしゃにし、さわやかな夏イワナに見入っていた。

炎天下の取っ組み合い

たまには遠出をと、友人のKさんと沿岸の閉伊川へ向かった。川は渇水《かっすい》していた。川井で種アユを買い、上流へ走って川岸に下りた。

じりじりと太陽が照りつけ、周囲の林からわんわんと、セミの鳴き声が沸き上がっていた。Kさんは上流へ、僕は下流に移動した。あちこち、オトリアユを流れに送りこむのだが、野アユの追いはない。暑いなぁ。ひとりでに汗が、体から噴《ふ》き出してくる。頭、顔が燃えるようだ。たまらずに、帽子で川の水をすくい、そのまま頭にかぶった。荒瀬から緩やかな流れに、オトリアユが滑りこんだ。と、「グ、ググン」。目印が引きこまれる。掛かりアユが、下流へ突っ走った。止まらない。荒瀬の前で足を踏ん張り、竿を引き起こした。ふわっと、竿先が軽くなった。糸が切れ2尾とも、流れに消えた。しまった。横着のせいで、傷んでいた去年の仕掛けを、使っていたのだ。太い糸の新しい仕掛けに取り換えた。粘っていると、たまに、でかい野アユが掛かった。川岸を行ったり来たり汗にまみれて、

汗まみれでくたくたの一日。塩焼きのアユをおいしくいただく

野アユとの取っ組み合いになった。へとへとだった。岸辺の木陰に座りこんで、Kさんの戻りを待った。しばらくして、上手に彼が現れ手を挙げた。

今夜の宿は、山あいの川岸に立つ、横沢温泉「静峰苑」。宿のおばさんに、アユを焼いてほしいと頼んだら、快く引き受けてくれた。食堂には僕らの他に、2人の客がいてアユを、おすそ分けしたら喜んでくれた。

今日はいろいろトラブルがあったが、なんとか熱中症にならず、香りが高くおいしいアユにもありつけた。明日も夏日だという。さて、どうしようか。

アユが大事、釣り竿も大事

1泊2日、閉伊川でのアユ釣り。2日目の朝。宿の玄関を出ようとしたら、連れのKさんが「ミヤマカラスアゲハです」と、小声で言い外を指さした。見ると、2羽のミヤマカラスアゲハが、地面に吸いつき羽を震《ふる》わせていた。「朝、打ち水すると、どっからかチョウが飛んできて、水を飲むんですよ。チョウも暑いのかね」。そう、宿のおばさんが話してくれた。ミヤマカラスアゲハは、打ち水の時間を覚えていて、やってくるらしい。2人は吸水のじゃまをしないよう、その場を離れた。今日も真夏日だ。

ギラギラした空。この炎天下に、うろうろ釣り場を探すより、昨日野アユの追いがあった付近で竿を出すことに、2人は決めた。川井地区へ走って川岸に下りると、段々畑みたいな流れが上手へ延びている。まず、お互いの顔が見える所で、オトリアユを放った。すぐ2人に、野アユが釣れた。おっ、しめた。でも後が続かない。気がつくと彼は、上流へ移動していた。

閉伊川の大物アユ。竿の穂先が折れる代償を払うはめに…

流れに立ちこみ、じっと野アユの追いを待った。体が焼けるようだ。ぼやっとしていたら、グーと竿先が引きこまれた。階段を駆け降りるように、掛かりアユは疾走した。追いつけず、下流に糸が引っ張られ今にも切れそうだった。強引に岸辺へ引き寄せた。と、流れに張り出していた頭上の木の枝に、竿の穂先の糸がからんでしまった。アユが大事と、からんだ糸をそのままに、掛かりアユをたも網につるしこんだ。その時、グキッと穂先が折れた。「うわぁー」。思わず、悲鳴を上げていた。

クルマユリの下で

炎暑の夏に打ちのめされ、すごすごと好きなアユ釣りから手を引いたのは、8月の終わり。

今日も焼けるように暑い。江刺から三陸道に入り、遠野の町中へ抜けた。土淵の「伝承園」で、いつもの通り「焼きもち」を2個買った。琴畑《ことはた》川は久しぶりだ。樹木が生い茂る流れに、もぐりこんだ。少しでも暑い日差しから、逃れたかった。岩まわりの流れに、毛バリを落としていった。まったく魚の気配はない。そのうちに林が途切れ、まともに日の光を浴びてしまう。ちょっと歩いただけで、汗だくになった。ここは早々に見切りをつけ、荒川へ回った。台風の爪痕《つめあと》が、あちこちに残っていた。上流へ走り、木立をかいくぐって川岸に出た。流れはチョロチョロで、枯れていた。水のたまりに、毛バリを振りこんでいく。岩陰から、ちょろりと黒い頭がのぞいた。イワナだ。と、そのまま引っこんでしまった。それきりだった。釣り上っていくと、左手から細沢が流れこんでいた。枝葉でおおわ

8月の終わり、ひっそりと咲いていたクルマユリ

れた、ほの暗い沢に踏みこんだ。ふと、足を止めた。前方の低い崖《がけ》に、ぽっ、ぽっ、ぽっと、ともしびみたいに赤っぽい花が咲いていた。人目につかない場所に、ひっそりと咲いていた花は、クルマユリだった。クルマユリの真下、岩のそばに腰を下ろした。とっくに昼は過ぎていた。

ザックから焼きもちを取り出した。クルマユリを見上げながら、焼きもちをかじった。時々、するっと涼しい風が、頬をなでていった。とろっとしてきた。このまま、ここにじっと座りこんでいたかった。

未練の二字

今季のアユ釣りを、近場の砂鉄川で終えるつもりでいたが、お盆過ぎに「種アユ屋」は店を閉めてしまった。他の川の「種アユ屋」も、ほとんどが8月中に店を閉じたようだ。万事休すだった。まだ車には、イワナ、ヤマメ釣りとアユ釣りの道具まで、ごちゃまぜに積みこまれていた。アユ釣りの未練がましさを車に乗っけたまま、川へ出かけたのは、9月に入っても真夏日という日だった。

一関市大東町沖田《だいとうちょうおきた》から、中川《なかがわ》川沿いに山越えで世田米《せたまい》へ抜けた。気仙川の支流、大股《おおまた》川沿いに走って、旧道の枝道に入った。路肩に車を寄せ、ザックを背負い木立をかいくぐって川岸に下りた。澄んだ流れに、毛バリを放りこんでいくが、魚の反応はなかった。

しばらく上ると、岸よりの流れに一抱えの岩が二つ、並んでいた。岩の脇に毛バリを落とした。と、岩と岩の間から、ちょろりとイワナの顔がのぞき、すぐに引っこんだ。ちょっと間を置き、同じ場所に毛バリを振りこむ。すっと、横合いから黒い影が飛び出し、毛バ

真夏日の９月、毛バリに食いついたイワナ

りを食った。強い引きに、竿を立ててこらえていると、ゆっくり岸辺に寄ってきた。たも網ですくった。顎《あご》から毛バリをはずすと、イワナはすみかである岩陰へ、素っ飛んでいった。魚の当たりは、それっきりだった。

川の流れは右手へ、緩やかに曲がっていた。曲がり角の前方に、釣り人がいた。アユタイツにベスト、腰にはアユを入れる引き舟をぶら下げている。アユ釣りのスタイルだ。ここに、アユはいない。彼の姿を見ていると、さも未練の二字を引きずっているみたいだった。

釣り竿をたたんだ。やぶの斜面から道に出た。彼と、顔を合わせたくなかった。道端のススキが、暑い日の光にきらめいていた。

今日、大漁だね。

大震災から8年半、9月22日。陸前高田市の道の駅「高田松原《たかたまつばら》」の店内は、大勢のお客さんでにぎわっていた。念願の道の駅がオープンしたのだ。地元の農産物に、魚介類や水産加工品など品数は多い。レストランでは、地元産の米「たかたのゆめ」を使ったメニューが評判のようだ。人々の笑顔や話し声に店内は、ほのぼのとした喜びにつつまれていた。

昼すぎに道の駅を出て、帰りがけに小さな漁港をのぞいてみた。防波堤には、親子連れが数組見られた。2人の男の子が並んで竿を出していて、お兄ちゃんらしい男の子の竿がグイとしなった。キラッと、イワシが釣れた。

僕は急いで車から、仕掛けと竿を持ってきて、2人のそばで釣らしてくれと頼んだ。2人は、いいよと、うなずいた。釣り方は糸に7、8本の擬餌《ぎじ》バリをつけた「さびき釣り」。彼らにはイワシが釣れても、僕の竿先はぴくりともしない。彼らは小さなエビに似た、まき餌《え》で魚を集めて釣っているのだが、この日僕はまき餌を用意してなかったのだ。

地元の子どもたちと「さびき釣り」。サバとイワシが面白いように釣れた

　しかたなく擬餌バリを踊らせて、魚を誘っていた。と、いきなりズンと竿先が沈んだ。右、左と強く引っ張り回され、キラキラと上がってきたのは2尾の小サバ。「イワシより、でっけぇ。いいなサバ」。そう言う彼らに、2尾のサバをくれてやった。そのお返しなのか、まき餌を分けてくれた。入れ食いになった。

「おんちゃん。今日、大漁だね」、子どもらの歓声が上がっていた。空は真っ青で、秋晴れの釣り日和だった。

ヌメリスギダケ

ここは岩泉町の、大川《おおかわ》上流域。すっかり秋の気配で、もうセミの鳴き声も聞こえない。時折、上流から下流へ涼しい風が、吹き渡っていった。周囲に釣り人の姿はなかった。

川釣りができる9月は、あとわずかしかなかった。今さら、じたばたしても仕方ないのだが、歩いていれば何か良いことに、ぶつかるかもしれないではないか。

岸寄りの緩やかな流れに、毛バリを放りこんでいった。ここなら、という場所に毛バリを落としても、魚の影さえ見えなかった。

ふいに、がさごそと岸辺のやぶが揺れ動いた。ぎくっとして、足が止まった。ぬーと、二つの顔がやぶの中から出てきた。（あー、熊でなかった）ほっとした。二人の男も、目の前に人がいたので、ちょっと驚いた顔をした。

「やぁ、びっくりしたな。熊でなくてよかったよ」、一人の男が笑いながら言った。

それは、こっちも言いたいせりふだった。竹かごを背負った彼らは、キノコ採りなのだ

偶然見つけた食用キノコ「ヌメリスギタケ」

ろうか。「キノコ、採れたんですか」、聞いてみた。「だめ、だめ。まだ暖かいしな、雨、降らねぇからかな。出てねぇよ」、彼らは流れを横切って、対岸の木立の中へ消えた。

もう少し、釣り上ろうかとも考えたが、ここらが切り上げ時と、林道に出るためやぶに踏みこんだ。やぶの中に朽ちたブナの木が、転がっていた。その倒木に、何か黄色っぽいものがくっついていた。見ると、キノコの「ヌメリスギタケ」だ。これは願ってもない、拾い物だった。

桃源郷の川

川釣りが終わる9月には、毎年最後の釣り場を遠野の川と決めていた。それには理由があった。三十数年前、東京住まいのAさんが、初めて遠野の川へやってきた。まず、盆地の中をゆったりと流れる、猿ケ石川支流の小烏瀬《こがらせ》川へ踏みこんだ。周りは、ぐるっと森や林で、川沿いに民家の屋根が見えた。彼が澄んだ流れに、毛バリを放りこんだ。すかさず、水しぶきが上がった。立て続けに、ヤマメが毛バリを食った。この日以来、彼は時間を割いて遠野の川に、足を運ぶようになった。

ある年の6月。小烏瀬川を釣り上っていたら、岸辺の浅瀬で2人の女性が、野菜を洗っていた。そばで子どもらが、水を掛け合って遊んでいる。立ち止まって、その様子を眺めていた彼が言った。「いいよ。ここ桃源郷《とうげんきょう》だよ」

長い年月が過ぎていった。彼が病で逝去したのは、20年ほど前の9月末のことだった。

今年の川釣りも、あと数日で禁漁となる。伝承園で、焼きもちを2個買った。琴畑川に

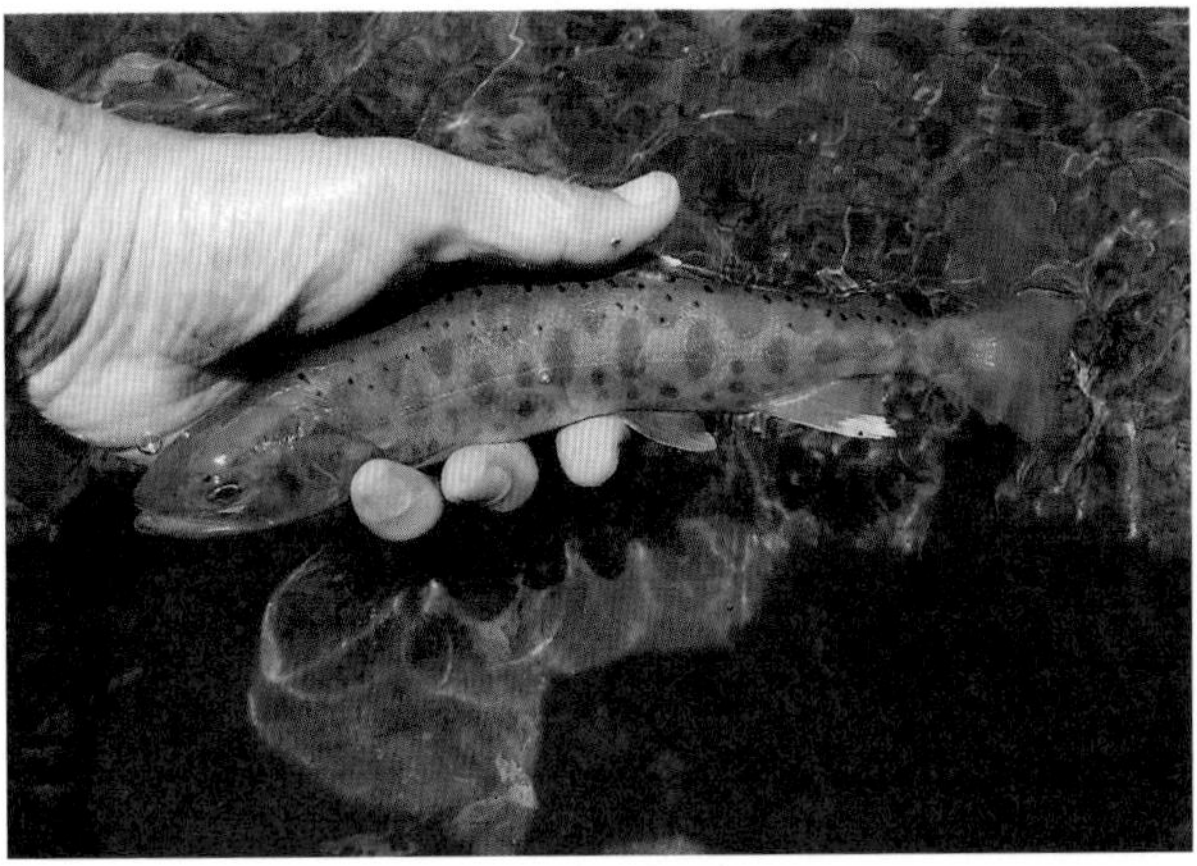

亡き友人と歩いた「桃源郷」。川釣りは毎年、遠野で締めくくる

入りこみ、しばらく釣り上ったが、ちっとも魚の気配はない。いったん川から道路に出て、橋の下のやぶにもぐりこんだ。じゃまな枝葉をかいくぐり、岩陰の流れに毛バリを落とした。ピチャッ。水がはじけ、ヤマメが足元に転がってきた。この1尾、今季の終止符だ。彼と一休みしたことがある、小さな滝を見下ろす岩に座り、焼きもちにかぶりついた。

彼が言っていた桃源郷の趣は、今やすっかり色あせたが、彼をしのんで来年の9月も遠野の川を歩くつもりだ。

ホウボウ

9月の終わり。朝6時。カレイ釣り仲間が乗った釣り船2艘《そう》、尾崎白浜の港を滑るように抜け出た。空は曇っていた。夜が明けたのに、海上はまだ薄ぼんやりとしている。釜石湾の沖合で、船脚が止まった。さぁ、釣り開始だ。

と、早くも隣のAさんの竿がしなり、プルプルと震えている。ヒラヒラと上がってきたのは、手のひらに乗るかわいいヒガレイ。彼は僕を見て苦笑いを浮かべ、ヒガレイを海に返した。間もなく僕の竿先が、ツン、ツツンとおじぎした。来た。リールを巻くと海面から飛び出したのは、彼が釣ったのと同じ、ちっちゃいヒガレイ。彼は気づいていないので、素早くヒガレイを海に逃がした。ヒガレイは釣れるが、小型ばかりだった。

釣り船が移動した場所で、いきなりゴン、ゴンとくいを打ちこむような当たりがきた。リールを巻き上げると、海面を割って青色の翼を広げたような、赤っぽい魚が躍《おど》り上がった。ホウボウだ。ホウボウは白身で、うまい魚だという。でも釣り上げると、危険を感じ

胸ビレを広げ、釣り人を驚かすホウボウ

大きな胸ビレを広げて、釣り人を驚かすので、どうも食べる気にはなれないのだ。だからホウボウが釣れると、いつも海に戻してしまう。

ぽつりぽつりと良型の、マコガレイやヒガレイも釣れだした。珍しく、でかいアイナメが竿先をしぼりこんだ。Aさんは、いいサイズのヒガレイをダブルで釣り、顔をほころばせている。それは突然だった。ばぁーと、横なぐりの意地悪な風がやってきた。波も、うねってきた。あーあ、これからだというのに…。

2020年

春を告げる蝋梅《ろうばい》—2019年3月のこと

3月も終わろうとしていた。でも、まだ寒い冬が居座っている。そんな日に、ぽっかりと暖かな日差しがのぞいた。川へ行ってみようか。ぐずぐずと川に残っている、ずぼらなヒカリでも、釣れればいいのだが…。まだヒカリの顔を、見ていなかった。

大東町摺沢《すりさわ》から冬枯れの山を越えて、陸前高田市の気仙川に出た。どっかに釣り人は居ないかと、目を走らせる。人っこ一人、見当たらない。横田町の小坪《こつぼ》付近から、川岸に下りた。こんな日には、川虫に食い気を出すのではと、毛バリを振ることにした。流れに立ちこみながら、小一時間ほど釣り上った。まるっきり魚の反応がなかった。エサ釣りの方がよかったのでは…。

舞出《まいで》橋の上流へ移動した。川の上下を見渡しても、やはりガランと誰もいない。岩陰に毛バリを落とした。ピチャッと水がはじけ、ククッと竿先が曲がった。来た。ヒカリ？足元に転がってきたのは、ちびっこヤマメ。握ったヤマメは、氷のかけらみたいに冷たかっ

甘い香りが春を告げる蝋梅の花

た。さらに釣り上ったが、まったく魚の反応はなかった。

　車に戻ろうと川から上がり、川岸の道を行くと右手に細い枝道が見えた。どこへ続く道だろうか。何気なく、枝道に入りこんでいた。道の両側は雑木林で、ゆるい上りの坂道になっている。林の道を抜けたら、周囲が開けた。と、どっからか甘い香りが匂《にお》ってきた。前方に、生け垣をめぐらした家が見えた。いい香りの正体は、門口の脇に植えられた「蝋《ろう》梅《ばい》」の木だった。道に張り出した枝の真下から、黄色の花を見上げた。ふんわりと、かぐわしさに包まれる。春を告げる蝋梅の花の下で、僕は一時立ちつくしていた。

ワサビ畑の災難

あれは5年前であった。昔、何度か竿を出した気仙川上流の、ある支流に入りこんだ。連れは、友人のTさんだった。川は以前と違い水量も減り、所々やぶに埋もれていた。彼に小さなイワナが一つ、出たきりだった。上流を狙うため、川から離れたやぶの中を歩いていった。ふいに前を行く彼が足を止め、前方の木立の中を指さした。そこだけ広く開けていて、ちらっと何か白い花が見えた。２人はかがみこんで、木立の中へもぐりこんだ。薄暗い雑木林の斜面に、白い花がほのかな光をともしていた。小さな明かりを敷き詰めたような、ワサビの花畑だ。２人は息を呑んで、ワサビの花畑の前に立ちつくしていた。

それから毎年、春に一度だけワサビ畑に通い、根っこは残し葉っぱだけを採った。それが２人の約束事になった。４月の頭。例年通り２人は示し合わせて、気仙川の上流へ向かった。土手の日だまりに、フキノトウが顔を出していた。フキノトウを摘《つ》むのは後回しにして、ワサビ畑を目指した。時々立ち止まっては、周囲を見渡し誰もいないことを、２人で

雑木林の斜面に咲き誇るワサビの花。春の楽しみだった

確かめた。ワサビ畑への入り口に着くと、川から上がりやぶをかき分けて行く。気がせいて、足早になった。もう、すぐだ。

「わぁー、なんだよ。これは…」。突然、先を行く彼が悲鳴を上げた。どうした。あっ、目を疑った。ない。ワサビ畑が消えていた。

「くそー、やられた。根こそぎ掘っていきやがった」。目を凝らすと、掘り起こされた穴が、あちこちにあいていた。一本のワサビも残っていない、むき出しの地べたに2人は、がっくりと座りこんでしまっていた。

ネットの理由―2019年5月のこと

5月の連休明け。連れはなかった。ここは唐丹《とうに》湾に注ぐ、熊野川の下流。雨が少ないせいか、流れは痩《や》せていた。魚がいそうな場所に、毛バリを放りこんでいった。粘ったけど、ちびっこヤマメが、毛バリに追いかける素振りを見せただけだった。川から上がり、移動しようと思った時、気がついた。川岸に張り巡らされたネットで、道路に出られないのだ。ネットは、山側から川を越えて田畑の作物を食い荒らす、ニホンジカの侵入を防ぐため設置されたのだ。

どっかに出口はないかと、きょろきょろしていたら、誰かに呼び止められた。ネットの向こうで鍬《くわ》を手にした女性が、僕を手招きしていた。「ちょっと、待っててや」。彼女はネットを結んでいたひもをほどいて、ネットの一部を開けてくれた。僕は礼を言って、かがんでネットをくぐった。

「ごめんなさいね。シカは大食いでね。ネットの柵《さく》がないと、野菜から草花まで、平ら

「おっと、あぶない」—。ニホンジカがいきなり車の前に飛び出した

げられてしまうんです」。こっちは遊びである釣りの格好なので、返す言葉もなく、ただ頭を下げ畑を抜けた。熊野川の隣にある片岸川に移動することにした。本道から脇道に入り、緩い角を曲がった途端、ひょいと何か横合いから飛び出してきた。とっさにブレーキを踏んだ。きょとんとした顔つきで、ニホンジカが車の前にいた。シカは、こっちを見つめたまま、じっと動かない。おい、どいてくれ。クラクションを鳴らしたら、びくっとしてポン、ポンと跳ね上がって林の中へ戻っていった。危うくシカと、ぶつかるところだった。もう、釣る気はなくなっていた。

岸辺のニリンソウ—2019年5月のこと

窓を開け、見上げた空は真っ青。風もなく穏やかな5月の末。こんな日に部屋の片づけなんて、もったいない。こっそり家を抜け出した。後でカミさんから、小言を言われるだろうが、まぁ、しかたがない。

江刺から遠野へ抜け、小烏瀬川《こがらせ》沿いをひた走り立丸峠《たつまる》を越えて、小国川《おぐに》の上流へもぐりこんだ。広くなっている林道の出っ張りを見つけ、車を寄せた。釣り支度をしていると、山側の斜面のやぶがガサガサ音がして、竹かごを背負った男が一人、林道に下りてきた。「釣りか？　あのな。熊、うろうろしてっから、気いつけろよ」。地元の山菜採りだろうか。いきなり彼は、それだけ告げると背を向け、すたすたと去っていった。彼の話しぶりだと、今にもその辺りから、熊が出て来そうで気味が悪かった。気休めだろうが、急いでザックに熊よけの鈴をくくりつけた。

「ガラン、カラン、ガラン」。鈴の音を鳴らしながら、木立をかいくぐり、やぶをかき分

川岸を彩るニリンソウの白い花

け川岸に下り立った。さわやかな新緑の中に、一筋の清らかな流れが谷の奥へと延びている。枝葉を伝ってこぼれる、木漏れ日の川面に毛バリを落としていった。セミの声もなく、谷間はひっそりしている。と、岩陰から黒い影が飛び出した。強引に毛バリを引ったくった。イワナが水しぶきを上げた。やっと2尾目が出た時は、だいぶ上流へ釣り上っていた。疲れて足がもつれてきた。川幅は狭まり、覆いかぶさる樹木で谷間が薄暗くなった。ふと、足が止まった。岸辺にニリンソウの白い花が、首を伸ばし咲いていた。ほっとした。ニリンソウのそばに、へたりこんだ。それから熊よけの鈴を、何度も振り鳴らした。

突然の稲光―2019年夏のこと

おや？　足を止め耳を澄ました。「ゴゴ、ゴ、ゴゴ…」。セミの声に混じって、何か転がるような鈍い音が、かすかに聞き取れた。どっか遠くで雷が鳴って、雨の降っている所があるようだ。この辺りはよく晴れていて、雨の心配などない。釣り竿を握り直し、また流れに踏みこんでいった。ここぞという場所へ毛バリを落とすのだが、すべて空振りだった。

しばらく釣り上って行くと、両岸の林が途切れて日差しが射しこむ開けた場所に抜け出た。青空がまぶしかった。見ると目前の川岸に、トチの大木が枝を広げていた。枝にはたくさんの花が咲き、まるでソフトクリームが並んでいるみたいだ。少なくなったトチノキだが、ここ岩泉町大川の上流域では、ちらほら見かける。釣り場を変えようと、崖《がけ》のやぶにすがりつきながら、谷底から道に出た。

ぶらぶら行くと途中、左手への枝道が見えた。入ったらすぐに立て札があり、「危険。立ち入り禁止」と書かれていた。奥をのぞくとミツバチの巣箱が、広場いっぱいに置かれ

巣箱に群がるミツバチ。近くにあるトチの大木が白い花を咲かせていた

ていた。張り巡らせた電線は、熊よけのためだろう。本道に戻り歩きだしたら、スーと周囲が薄暗くなった。と、「バリッ、バリッ、ゴゴン、ゴン」。いきなり頭のてっぺんで稲光が走って、雷鳴がとどろいた。ドォーと雨が落ちてきた。びっくりして走った。よたよたとなりながら、なんとか車の中へ逃げこんだ。まわりが真っ暗になり、何も見えなくなった。やまない、空が破れんばかりの大音響。僕は首をすくめて、しゃがみこんでいた。

ネコヤナギください

「新型コロナ、川は心配ないですよ」

「そうだね。魚が相手だから、気を使うこともないか」。そんな、友人のKさんとのやりとりで、川へ出かけたのは、「川釣り解禁」3月1日の、翌日だった。矢作川《やはぎ》、気仙川を素通りして、三陸道を北へ走った。インターの「釜石南」を降りて、片岸川《かたぎし》へ入りこんだ。寒い。どんよりした空で、雪でも降りそうだった。川は減水していた。釣り人の姿は見当たらなかった。密は避けなければいけないので、人がいないのは幸いだ。

「たまには、ごっそり釣って家族に食べさせたいですね」と、彼は足早に流れへ踏みこんでいった。川の水は冷たかった。毛バリは無理と、餌釣りにした。ゆるやかな流れの石まわりに、竿を振りこんだ。と、ツン、ツツンと目印が揺れた。足元に転がってきたのは、うっすらと紅をさした、ちびっこヤマメだ。それっきり、魚信《あたり》はない。戻ってきた彼は、黙ったまま首を横に振った。

釣れない言い訳に、ネコヤナギは家への手土産

南下しながら、熊野川、盛川《さかり》、気仙川と竿を振った。釣れたのは、小さなイワナとヤマメが数尾。どれも小さく、川に戻してやった。ヒカリは1尾も、姿を見せなかった。最後の矢作川も、空振りに終わった。帰り道で、2人は足を止めた。川岸にネコヤナギが、淡い光をともしていた。その時、道路そばの家から、女性がひとり出てきた。Kさんが彼女に、「ネコヤナギ、頂けませんか？」と声を掛けた。「なーに。いっぱいあるんだから、いくらでも持っていきなさいよ」、彼女は笑顔で応じてくれた。2人はネコヤナギの枝、数本を手折った。ヒカリが釣れない言い訳に、ネコヤナギは、家への手みやげだった。

ざぜん草の里

盛岡での用事を、昼前に済ませた帰り道。北上《きたかみ》の町にさしかかった時、ふと思い出した。藤根《ふじね》のザゼンソウは、今が見頃なはずだ。

右手に折れ、「ざぜん草の里」へ車を向けた。待てよ、そうだ。藤根から尻平川《しりたいら》までは、一っ走りの距離だ。たっぷりではないが、時間はある。ザゼンソウは、釣りの後にすればいいのではないか。釣り道具は、いつも車のトランクに入れっ放しだった。藤根の集落を通り抜け、横川目《よこかわめ》の笠松付近から脇道へ入った。田畑の中を進み、尻平川の下流で橋のたもとに車を寄せた。奥山からの、雪どけ水だろうか。枯れアシの中に細濁《ささにご》りの流れが見えた。薄濁りなら生餌《いきえ》が有効なのだが、あいにく今日は用意してなかった。アシ原をかき分けて、流れに立ち込んだ。水位は膝上《ひざうえ》まであり、普段より少し高そうだ。滑って転ばぬように、ゆっくりと足を運び毛バリを放りこんでいった。

晴れてはいるが、時折突風が川面を吹き抜けていった。その度に毛バリが風にあおられ、

花言葉通り、湿原にひっそりと咲くザゼンソウ

空に舞い上がった。風がない合間に、竿を振っていった。魚は出なかった。諦《あきら》めて竿をたたみ、藤根に引き返した。「ざぜん草の里」の駐車場は、がら空きだった。湿原の中につくられた、板敷きの歩道を行くと、ぽっ、ぽっ、ぽっとザゼンソウが春の明かりをともしている。ぶらぶらと歩いていく。誰とも会わない。いつの間にか、風はやんでいた。静かだ。物音ひとつ聞こえなかった。ふっと日が陰った。ちなみに、ザゼンソウの花言葉は「ひっそりと待つ」と、いうそうだ。

わかってはいるけれど

「ちゃんと、マスクをしてよ。年寄りが出歩くのは、一番あぶないんですからね」

背後から、カミさんの声が追いかけてきたが、黙ったまま家を出た。コロナウイルスから逃れるのは、家に閉じこもっているしかないのだ。わかってはいるのだが…。

この日、連れはいなかった。大東町大原から山越えして大船渡へ、盛川沿いを上流へ走った。下板用《しもいたよう》の上手から、釣り上っていった。家のそばや畑地に、紅や白の梅の花が咲いているのが、ぽっぽっと見えた。魚の反応は鈍く、一度毛バリを追って顔を出し、ぷいと引き返した、ちびっこヤマメがいただけだった。

そろそろ昼も近かった。どうしようか。と前方に目をやった。岩が一つ、とろっとした流れに頭を出している。どうも気になる。そっと近づいて、岩の前に毛バリを落とした。毛バリは、ふらっふらっと岩の縁に沿って流れていく。と、バシャッ。水がはじけ飛んだ。出た。ググ、グイと竿先が引きこまれた。こらえていると、白い魚体が躍り上がった。ゆっ

桜色のヤマメに見とれてしまった

くりと足元に引き寄せ、さっとたも網ですくい取った。ほんのりとした、桜色のヤマメに、ちょっと見とれていた。この1尾で竿をたたみ、川から上がった。

盛町に戻り、三陸町の越喜来《おきらい》へ向かった。途中、あちこちで桜の花が咲きはじめていた。浪板《なみいた》辺りから狭い道を下ると、小高い台地に出た。目の前に穏やかな海が、日の光を浴びきらめいていた。座りこんで、カミさんが持たしてくれた、おにぎりにかぶりついた。ふわっと、潮風が頬をひとなでしていった。

釣り仲間からの頼み

「コロナの引きこもりは、つれぇな。あのよ。川さ行くなら、頼みてぇんだ。イワナ、釣ってきてくれねぇか。骨酒《こつざけ》が飲みてぇんだ」

長年の釣り仲間であった、Sさんからの電話は久しぶりだった。以前はよく連れ立って川へ出かけていたが、数年前彼は持病の腰痛がひどくなり釣りをやめた。「わかった。そのうち連絡する」と、電話を切った。イワナの2、3尾なら、なんとかなるだろう。骨酒とは、こんがり焼いたイワナを、熱かんの酒に浸してつくる。本来は食べ残した骨やひれだけなのだが、今はイワナをまるまる使うようだ。彼との約束を、余り先延ばしにはできなかった。

桜前線が北上する4月下旬。江刺から住田町の世田米《せたまい》へ下り、大股《おおまた》川の上流で車を路肩に寄せた。芽吹き始めた森に、ぽつりぽつりと山桜が薄紅《うすべに》色を散らしている。ザックを背負い、木立をかいくぐって谷に下りた。澄み切った流れに、ひたすら毛バリを振りこんでいった。目を凝らして、毛バリを追った。と、水しぶきが立った。足元に転がってきたの

ヤマエンゴサクの青い花。その姿から「春の妖精」とも

は、骨酒に不向きな小さいイワナだ。上るにつれ、目がしょぼしょぼになり、足が重くなってくる。一休みだ。岸辺から入った木立の中に、腰を下ろした。お茶を飲んでいて、ふと脇の草むらに目が行った。ほのかな、青白い光が見えた。春の妖精《ようせい》ともいわれる、ちっちゃなヤマエンゴサクの花だ。はかない生命を秘めた花を見ていたら、少し元気が出てきた。もたもたできない。立ち上がった。釣り竿を握り直した。安請け合いにならぬよう、でかいイワナを釣らなければ…。

足元を確かめながら、木漏れ日がこぼれる流れに、踏みこんでいった。

おわびのタラッポ

コロナウイルスのせいで、じっと家に閉じこもっていた、5月の連休が終わった。

その2日後。昼近くに家を抜け出した。江刺から遠野へ抜けて、「焼きもち」を買うため、土淵《つちぶち》の「伝承園」に立ち寄った。客がいない店内に声を掛けたら、奥から女性の店員が顔を出した。焼きもちを注文したら、彼女は「ごめんなさい」と謝った。コロナ対策で、売店や食堂を閉じ、名物の焼きもちなどは予約販売にしているという。仕方ない。車を上附《かみつき》馬牛《もうし》へ向けた。人影のない大出《おおいで》集落を通り抜けると、煙ったような黄緑色の低い山並みや森が、前方に広がってくる。雑木林の中の林道をくぐり抜けたら、崖の下に猿ケ石川の白い流れが見えた。路肩に車を寄せ、崖際の斜面をそろり、そろりと下りた。谷底に着くと一息入れた。もやっとした芽吹きの谷川に、ゆっくりと毛バリを放りこんでいった。毛バリをくわえてくれるイワナは、現れなかった。一休みしようか。その時、背後のやぶが、ガサガサ音を立てた。ぎくっとして振り向いた。ひょいと男が、やぶの中から顔を出した。

山菜採りとばったり。驚かせて悪いと思ったのか、タラッポをくれた

「やー、たんまげた。こんな所で、人様に会うなんてな」と、彼は笑いながら言った。むかっときた。

「あんた、熊かと思ったよ」、つい口を滑らせた。「やー、そうか。悪かった」、彼は腰に下げた竹かごに手を突っこむと、何か一つかみ僕の手に乗っけた。それは、ふっくらした、うまそうなタラッポ（タラの芽）だ。慌てて礼を言おうとしたら、彼は流れを横切って、対岸の斜面に取りつくと、たちまち姿が見えなくなった。

ちょっとそこまで

数日のぐずついた天気が、からりと晴れた5月末。「散歩」と一言。そそくさと家を出たのは、ちょっぴり後ろめたさがあったからだ。正直、コロナ在宅にうんざりしていた。

車で向かったのは、一関の僕の家から近場の砂鉄川だ。大東町猿沢《さるさわ》の集落から、山越えの道を下って、支流の中川川《なかがわ》を目指した。川沿いを行くと、岸辺に垂れ下がる藤の花が、ちらっと目に入った。中川川は、やぶで竿が振りづらい場所も点在している。枝や草などに毛バリを引っ掛けないよう、釣り上っていった。林のみずみずしい若葉が、目に染みるようだ。風もなかった。流れに岩が頭を出している、狭い淵に差しかかった。でも淵に覆いかぶさる、枝葉がじゃまだった。狙うなら、毛バリを枝葉の隙間から放りこみ、岩の前に落とさなければならない。どうしよう。駄目で元々だ。1投目、淵の手前に落ちた。2投目は、左にずれて毛バリが、岸辺の草を引きちぎった。何投目か、毛バリはするっと隙間に飛びこみ、岩にぶつかって落ちた。ガバッ。水しぶきが立った。はっと、竿先を横に

枝葉に覆われた淵のヤマメ。毛バリにガバッと食いついた

引く。ダダッと魚が岩陰へ走った。思わず竿を立てていた。あっ、しまった。糸が枝に絡んだ。ぶるん、ぶるんと枝葉が揺れ、バシャバシャとヤマメが水面で躍っている。慌《あわ》てて竿を手放して、枝葉に絡みついた糸をつかみ、ヤマメをつるしたまま、たも網に落としこんだ。なんだよ。この格好。人が見てたら、笑われてしまう。

ヤマメの口から毛バリをはずすと、ゆらっゆらっと隠れ家の淵に戻っていった。汗びっしょりで、川岸の草むらに座りこんだ。

Nさん、すみません

「今年は諦《あきら》めました。コロナで動きが取れません。来年、また会いに行きます」、いかにも残念そうに電話をくれたのは、福岡県在住のNさんだった。8年にもなろうか。彼は毎年6月に、岩手の川で2泊3日の釣りを、唯一の楽しみにしていた。「なに、川は逃げませんよ。待ってますから…」と、そんな返事しかできない自分が、もどかしかった。

「ウィーン、ウィ、ウィーン」。周囲の森から、ヒメハルゼミの鳴き声が染み出していた。木漏れ日が滴《したた》り落ちる流れを歩きながら、毛バリを放りこんでいった。今日は、友人のKさんと一緒だ。さっきまで僕と横並びに、向こう岸を釣っていたのだが、いつの間にか姿が見えなくなった。僕がもたもたしているので、先へ行ったのだろう。

いつもなら新緑の川で、福岡のNさん、僕とKさんが竿を出していたはずだった。今季は僕とKさんだけ。「Nさん、すみません」、そう胸の内で謝っていた。浅い流れの石まわりで、ピチャッと水がはじけた。立て続けに、小さなヤマメが竿先を震わせた。ここを切

ニセアカシアの甘い香りに癒やされる

り上げ行くと、ちらほら木立の中に、ひときわ目立つ白い花が垂れ下がっている。ニセアカシアの花だ。ほの暗い林を抜けたら、車を止めていた川岸で彼が待っていた。川から上がると、岸辺の木陰にテーブルと椅子が置かれ、ポットの湯も沸いていた。コーヒー付きの、ぜいたくな昼飯になった。若葉につつまれて飲むコーヒーは、格別にうまかった。

風に乗って、ニセアカシアの甘い香りが、ふわっと漂ってきた。「Nさん。この小国川が好きでしたね」、ぽつりと彼がつぶやいた。

土着のイワナ

コロナで、じたばたしていたら夏になっていた。泊まりがけの釣りは、1年ぶりだろうか。宿の早池峰《はやちね》山荘は、薬師川沿いの小高い丘に立っている。この日の泊まり客は、僕と友人のKさんだけで部屋も別々だった。夜になると、山荘の真下に広がるタイマグラキャンプ場に、ぽつりぽつりとテントの明かりがともった。「いいですね。星空でのキャンプ。この日を待っていたんですね」。2人は山荘のテラスから、しばらくテントの明かりを見つめていた。

次の日の朝。朝食を終え2人は、薬師川の上流へ向かった。もう周囲からセミの声が届き、今日も暑くなりそうだ。無理はできないので、林道を横切る細沢を見つけ、沢の中を歩いて薬師川の谷底に下りた。ぱぁーと目の前に、新緑の谷川が現れた。岩の間を縫って澄み切った流れが、したたり落ちている。

2人は前になり、後ろになったりと離れずに毛バリを振りこんでいった。彼は時々立ち

大岩が重なり合う薬師川

止まり、熊よけの鈴を何度も振り鳴らした。この辺り、熊がよく出没する地域なのだ。出た。彼の竿が大きくしなり、けたたましく水音を立てた。ゆっくり引き寄せ、たも網ですくった。胸ビレがでかく青白い魚体は、薬師川生まれの土着の夏イワナだ。順番よく今度は、僕の毛バリをイワナが引ったくっていった。

だいぶ、谷の勾配《こうばい》がきつくなった。岩場を慎重に乗り越えながら、釣り上っていた。と、前方に大岩が重なり合い、屏風岩《びょうぶいわ》となって行く手に立ちふさがった。ここまでだ。日差しが暑かった。今年、どんな夏になるのだろう。

アユを襲ったのは…

断続的に激しい雨が降ったのは、アユ釣り解禁の前日だった。やむなく7月1日解禁の、アユ釣りを断念した。3日後、べったりとした灰色の空の下を、友人のKさんと砂鉄川へ走った。2人とも今日が、アユの初釣りなのだ。

「雨、もってくれるかな…」、心配そうに彼がつぶやいた。一関市大東町摺沢《すりさわ》の釣具店で、オトリに使う種アユを買い求めた。川沿いを走って、通い慣れた摺沢の上流で車を止めた。土手からアシ原をかき分け、川岸に下りた。水かさは、ちょっと高いが濁《にご》っていない。まわりを見渡した。おや？　この辺り釣り人がよく集まるのに、なぜか今日はがら空きだった。

彼は上手に、僕は少し下った緩やかな瀬に、オトリアユを放った。オトリアユは元気がなく、動きがのろかった。少しでも動かそうと、竿先を上げたり引いたりした。オトリを取り換えても、野アユの追いはなかった。と、前方の彼の竿が折れそうに曲がっている。

砂鉄川でのアユ釣り。ニゴイがオトリアユに食いついた

強い引きで、大物のようだ。なかなか寄らない。ふいに、ばーんと、竿先が跳ね上がった。後ろにオトリアユだけが、吹っ飛んでいった。

「ニゴイですよ。大きなニゴイが、オトリアユに食らいついたんです」、彼は信じられないといった顔つきで、オトリアユを見せた。アユの尻尾《しっぽ》が食いちぎられていた。コイに似たニゴイが、アユを襲うとは…。すーと周囲が薄暗くなった。ぱらっぱらっと、雨がやってきた。２人は急いでアユカンから、オトリアユを取り出し川に逃がした。川面をたたく雨脚が早くなり、たちまち本降りとなった。

丹藤川での出会い

手元に、1枚の古い写真が残っている。それが、おぼろげな記憶を呼び覚ましてくれる。

あの日は、暑い夏の昼下りだった。じりじりした日差しを、もろに浴びていた。釣り竿を振らないで、木陰も見当たらない炎天下を歩いて行くと、流れは森の中へもぐりこんでいた。林の中へ逃げこみ、木の根元に座りこんだ。すーと、涼気《りょうき》が体を包みこむ。一息ついて、上流へ足を向けた。

竿を振りこんでも、魚の出はなかった。川の流れが左手へ緩やかに曲がっていて、そこを抜けたら大岩が横たわる淵が現れた。数人の子どもらが、岩から飛びこんだりして歓声を上げていた。岸辺に目をやると、長い網の中に何か入れて流れに沈めていた。網袋を引き上げてみると、中に黒っぽい貝が数個入っていた。

「おんちゃん、何してんだ」、突然頭上から、声が降ってきた。気がつくと僕は、訝《いぶか》しげな目の子どもらに取り囲まれていた。「ごめん、ごめん」と謝りながら、貝の名をたずね

丹藤川沿いにあった旧穀蔵小。地元の子どもたちとのやりとりが懐かしい

てみた。「カラスゲェ」、年長らしい男の子が、ぶっきらぼうに答えた。「そんでねぇよ。先生、カワシンジュガイって言ってた」と、女の子が口を挟んだ。二枚貝のカワシンジュガイが、丹藤《たんどう》川にも生息していることを、子どもらの話から初めて知った。子どもたちは、岩手町南山形の「穀蔵《こくぞう》小学校」の児童だった。その後、穀蔵小学校の裏手を流れる丹藤川に、何度か足を運んだ。

あれから40年ほどがたった。残念だが小学校は廃校になった。コロナが終息したら、穀蔵あたりを歩いてみたいと思っている。

岩穴に涼むヤマカガシ

梅雨明け宣言も、はっきりしないまま8月に入ると、いきなり猛暑日や真夏日がやってきた。「コロナ禍」に加えて「熱中症」とは、ますますやっかいな夏になった。こんな時に、「アユ釣りに行ってくる」なんて、言えるものでない。これまで2度、アユ釣りに出かけた。いずれも空振りだった。せめて家族で食べられる数の、アユを釣り上げたかった。

あと一週間もすれば、お盆になる。腹を決めた。「ちょっと、その辺…。散歩」、いつもの口癖で、そそくさと家を出た。じりじりとした太陽。今日も暑い。オトリのアユを買うため、気仙川の川岸にある「種アユ屋」に寄る。声を掛けると、おやじさんが浮かぬ顔で出てきた。「正直、よくねぇ。ひでぇ暑さだ。雨も降らねぇ。そうだな。深場の瀬を狙えば、いいのが追うかもな…」。おやじさん、お盆前には店を閉じるとも言った。

陸前高田市横田町の上手で、数本の樹木が川岸に枝を伸ばし、日陰をつくっていた。そ

岩の間から、じっとこちらをにらみつけるヤマカガシ

こへ入りこんだ。川の中に突っ立っていると、体がぼぉーとしてくる。まったく野アユの追いはない。何度も岸辺の木陰に逃げこみ、水をがぶ飲みした。

何げなく、傍らの岩陰に目がいった。「わぁー」。声を上げ飛びのいていた。薄暗い岩の間から、毒蛇のヤマカガシが、じっとこっちを見ていた。ヤマカガシは、涼んでいたのだろう。ヤマカガシは、岩の穴から出てヤブの中へ消えた。アユを釣る気はうせていた。「ミィン、ミィン、ミー」。元気なミンミンゼミの鳴き声が、うらやましかった。

川にのみこまれたテント

若い時分。夏になると、独り川の岸辺で野宿をした。当時、高価なテントに手が出ず、家の破れて使えない蚊帳の、破れていない片側だけを切り取り、テントの代用にした。釣り手の金具二つを、川岸の木の枝に結び三角の屋根の形に設《しつら》えるのだ。しかし虫よけにはなるが、雨が降るとずぶぬれになった。

そうこうするうちに、野営に必要なテントや寝袋などが、どうにか買えるようになった。釣り仲間と、遠出のキャンプを始めたのは、この頃からで、なかなか入りこめない険しい谷が狙いだった。中でも毎年8月になると、誘い合わせて2泊3日のキャンプをする谷川があった。そこは「雨っこの谷」とも呼ばれた。

胆沢《いさわ》川支流の小出《おいで》川だ。手つかずのブナ原生林に守られた、澄み切った流れには宝石をちりばめたような魚体のイワナが生息していた。

ある年の夏。仲間数人と、いつもの岸辺にテントを張った。夕方に谷の奥から、雷鳴が

小出川で仲間と水浴び。若いころの貴重な一枚

かすかに聞こえた。夜半。「水だ！」という、大声に跳び起きた。川の水が、テントの中に流れこんでいた。雨の中、流れは膨れ上がり、夜が明けても水が引く様子がなかった。テント場は水没した。谷底は危険と判断し、谷と反対側の山にとりつき、「雨っこの谷」を脱出した。

あれから40年近くがたち、今、1枚の写真を手にし眺めている。写っているのは、小出川で水浴びをする3人の姿。僕をはじめ、皆年を取った。小出川へは二度と、足を踏み入れることはないだろう。でも仲間との思い出は、いつまでも色あせることはない。

川から消えた子どもの姿

今日も、うだるような暑さだ。どこへ行こうか。どこか木陰の多い涼しい川…。でも、そんな都合のよい場所が、そこら辺に転がっているわけでない。ふいに、ある場所が脳裏に浮かんだ。そこは川の短い区間で、両岸の雑木林に狭い流れがおおわれていた。竿が振りにくい、流れに広げた枝葉の下には、でかいイワナが住みついていた。

しかし、あの川も何度か大雨に見舞われていた。しばらく遠のいていた、あそこは以前のままなのだろうか。ちょっと迷ったが、せっかくの思いつきだからと、そこへ車を向けた。こんな日には、話し相手が欲しいのだが、ひとりぼっちだ。(このごろ、いつもそうだ)

大東町から矢作町へ下り、気仙川支流生出《おいで》川へ入りこんだ。川沿いを走ると、大雨のせいか所々に護岸工事をした箇所があった。清水の上手で、広くなっている路肩に車を寄せた。川岸の土手から、ヤブをかき分け川に出た。流れは浅くなり、雑木林が途切れた場所もあって、そこから川面に暑い日が降り注いでいる。もろに日差しを浴び、急いでそこを離

ヤスでカジカを狙う少年を写した昔の１枚。かつては川でよく見かける光景だった

れた。

　気を取り直して、張り出した狭い枝の間に、毛バリを放りこんでいった。魚の気配はなかった。岸の木陰で少し休もうとしたら、足元の流れで何かス、スーと動いた。カジカのようだ。

　そういえば昔、この川を釣り歩いていて、ヤスでカジカやイワナを突いている子どもらと出会うことがあった。今、子どもたちの姿は、川から消えてしまった。岸辺の木漏れ日の中に、腰を下ろした。ミンミンゼミの鳴き声が、さっきより高くなっていた。

運がよいトンボ

今日も真夏日だという。この夏は、どこへ行っても暑いのだが…。久しぶりに秋田自動車道を走り、秋田県と隣接する西和賀町の湯田《ゆだ》で降りた。何か昼飯をと、川尻《かわじり》のスーパーに立ち寄る。ゆでたトウモロコシを見つけ、太めのを2本買った。

沢内街道を北へ進み、南川舟《かわふね》付近で枝道に入りこんだ。和賀岳の登山口へ通じる、高下《こうげ》川沿いの林道をゆっくりと進んだ。クマが怖いので、あんまり奥へもぐりこみたくなかった。どこか車を止められる場所はないか…。と、道の脇が狭いくぼ地で、草むらが押しつぶされ、誰か車を止めた形跡があった。そこに車を突っこんだ。

ザックを背負い、セミが鳴く木立をくぐり抜けて、川の流れに下り立った。林の中から、透き通った流れが音もなく、足元にからみついてくる。背中をゆすってザックにくりつけた熊よけの鈴を、大きく鳴らした。毛バリを放りこんでいった。

しばらく釣り上るが、当たりはない。岩場の場所にぶつかり、毛バリを落としたら、チョ

イワナに狙われ、間一髪で難を逃れたミヤマカワトンボ

ロッと岩陰からイワナの顔が出た。でもイワナはそれほど食い気がないのか、すぐに引っこんでしまった。昼はとうに過ぎ、腹が減っていた。川岸に腰を下ろし、トウモロコシをかじっていたら、目の前の岩にトンボが飛んできた。

その時だ。バシャッ。水しぶきが立ち、水面からイワナが躍り上がると、そのまま流れに落ちた。どうしたんだ。見ると岩の上には、飛んできたミヤマカワトンボが止まっている。これはイワナが、トンボを食いそこねたのだ。運がよい、トンボだ。僕はトウモロコシを食べるのを、忘れていた。

あーあ、デジカメ

8月の終わり。沿岸と内陸の数カ所に、大雨注意報が発令された。近頃は川が氾濫《はんらん》するような、荒っぽい雨がひんぱんになった。数日が過ぎ、川へ向かったのは9月の頭だった。遠野の町中を抜け、土淵の伝承園で昼飯用に、焼きもちを2個買った。以前、コロナウイルスのせいで焼きもちは予約販売だったが、今いつでも買うことができる。小烏瀬《こがらせ》川沿いに走るが、流れは赤茶色で水位も高い。狙いの琴畑《ことはた》川も同じで、当てがはずれた。どうせ、ついでと峠越えで小国川の上流域へ、足を延ばしてみた。ささ濁りで、少し水かさもあるが、釣りができない状況ではない。もし釣りが駄目なら草花でも撮ろうと、ベストの胸ポケットにデジカメを突っこんだ。忘れずに、熊よけの鈴もザックにくくりつけた。

流れに立ちこむと、膝上《ひざうえ》くらいの深さなのに、水勢に押され歩きづらかった。用心しながら足を運んだ。バシッ。岩の間から、白いきらめきが躍り上がった。とっさに竿先を上げたが、ふわっと毛バリは空に浮いた。ばれたのは、合わせが遅れたからだ。いいヤマメ

ツリバナの赤い実

だった。油断しないで、毛バリを目で追い続けた。

　少し疲れた。川岸に実がはじけた、赤いツリバナが垂れ下がっている。そこに腰を下ろした。一息入れ、流れに踏み出したら、ずるっと足が滑りあおむけのまま、流れに倒れた。バシャバシャと、もがきながら、やっと岸辺の草にしがみつき立ち上がった。

　あっ、デジカメ。ベストから取り出したデジカメは、びっしょり水をかぶっていた。あー、やばい。早く車に戻ろうと、林道に抜け出た。長靴にまで入りこんだ水で、ぐしょぐしょになり足が重かった。急ぎ足のつもりが、よたよた歩きになっていた。

今季の終止符

9月30日。この日、盛岡で用事があり、昼前に済ませての帰り道。さっきから、ぐずぐずと迷っていた。川釣りができるのは今日が最後で、明日から来年の2月いっぱい禁漁期間となる。

今年は「コロナ禍」「大雨」「猛暑日」に、おろおろ、よたよたするばかりだった。正直釣りは、諦めていた。それが風もなく、晴れ渡った秋空に、ちょっとだけでも竿を振りたくなったと、いうわけなのだ。釣り道具は、まだ車の中に入れっぱなしだった。

紫波町から、大迫《おおはさま》の町に入った。町中を流れる稗貫《ひえぬき》川は、町はずれから名を岳《たけ》川と変える。橋を渡り、集落の道端に車を寄せた。道の両側に、数軒の民家が見える。川へ通じる田畑のあぜ道を行くと、男が一人畑仕事をしていた。

頭を下げたら、「釣りか」と声を掛けられ立ち話になった。「あのー、この辺りで釣り人を見かけましたか」。「うん。見ねぇな。雨ばかり降ってよ。川濁ってたからな。今日は、いいでねぇか」、そう言って彼は目を細めた。彼に礼を言うと、この場を離れて川岸の土

まだサビ色が出ていない、くっきりした色合いの秋ヤマメ

手から、流れに下り立った。
明るい日差しに川面が、きらきらとまぶしかった。浅い流れに、毛バリを放りこんでいった。毛バリの動きに、目を凝らした。ゆっくりと足を運んだ。草むらが岸辺へ張り出し、少し狭まった流れに毛バリを落とした。
キラッと水が飛び散った。水しぶきが立ち、竿先が震えた。まだサビ色は出てない。くっきりした色合いの秋ヤマメ。ささやかだが、この1尾のヤマメで、今季の終止符を打つことができた。来年は、どんな釣りの旅が待っているのだろうか。そしてコロナは…。

追憶の山学校

民宿「わらべ」

遠野市上附馬牛《かみつきもうし》の大出《おおいで》集落は、早池峰の山裾に位置し、十数戸が川沿いに点在している。遠野駅からバスが運行しており、大出はバスの終点である。川っ縁に建つ、民宿「わらべ」の庭先が、大出のバス発着場になっていた。

「わらべ」のすぐ裏手、深い林の中に大同元年（８０６年）の建立と伝えられる、古い「早池峰神社」がある。神社の隣にグラウンドとブランコがあり、こぢんまりとした校舎は、廃校となった「大出小中学校」だ。

この話は、僕が30代の頃およそ四十数年前の事から始めなければならない。当時、自家用車を持てなかったので、はじめて猿ケ石川の源流域へ入るため、遠野駅から大出行きのバスに乗った。大出のバス停を降りて、神社の脇を通り、山あいの狭い林道に入り込んだ。途中、行き交う村人もいなかった。樹木におおわれた林道を歩き続け、低い崖から谷底に下りた。岩場を乗り越えて行くと、流れ落ちる水が淵をつくっていた。淵をのぞくと、た

くさんの黒っぽい木の葉が浮いて、ぐるぐる回っていた。いや、葉っぱではなくイワナだ。イワナが列になり、水の動きに乗って円を描いているのだ。僕は息を呑んだまま、立ちつくしていた。大出行きが続き、谷間をさらに上へ上へと分け入った。ところが、つい谷深くもぐりこみバスの時間に、何度か間に合わなかった。遠野駅へのバス最終便は、夕方の16時過ぎだった。大出には宿はなく、早池峰神社の鳥居の下で野宿したり、雨降る夜などは村の家を一軒ずつ訪ねて、なんとか宿を頼みこんだ。

長い年月が流れて、40歳の半ばに…。願ってもない宿屋が、大出にできることになった。それが、民宿「わらべ」だった。「わらべ」に泊まるのは釣り人だけでなく、山歩きの人たちや神社の夏祭り参加者、一般の観光客などであった。それに釣り仲間が親睦を深めるため、毎年「わらべ」に集まるのが恒例にもなっていた。そんな中、「わらべ」で奇妙な出来事に遭ったのは、夏の終わりだった。僕は友人ら数人と、「わらべ」に宿をとっていた。翌日の朝。食事をしていると、起きがけなのか頭髪ぼさぼさの男の客が一人、ふらっと食堂に入ってきた。「いやー。だんなさん。夕べはお孫さんらに世話になりました。おかげさんで、ぐっすり寝られました」、応対した宿の主人佐々木さんは、いぶかしげな顔をしている。

「孫って、どこの孫なんです」

「なに言ってんですか。ここの宿のお孫さんではないですか」。どうもおかしい。僕らは箸《はし》を止めて、二人の会話に聞き耳を立てた。

彼が身ぶり手ぶりで説明した話の内容は、こうであった。昨日、あちこち歩き詰めで疲れて、うとうとしていたら不意に、おかっぱ頭で着物姿の子どもが二人、部屋に飛びこんできた。それから男が寝ている布団のまわりを回りはじめたという。男は走り回るより、俺の腰をもんでくれと言ったそうだ。すると子どもたちは素直に、腰をもみはじめたのだという。朝、目覚めたら腰がすっかり軽くなっていて、それが孫の祖父《じい》さんであろう、佐々木さんにお礼を言いに来たというわけであった。「あ、そんでしたか。そんでも、その童《わらす》たちは家の孫でねぇんです。娘らはまだ結婚してねぇんですから。二階に住んでいるのは、わらべの「ザシキボッコ」（ザシキワラシ）です。悪さはしねぇ。家の守り神さまです」。佐々木さんが真面目くさった顔で、ザシキボッコと言ったので、友人らは吹き出してしまった。男は佐々木さんの話が、よくわからないのか、きょとんとしている。その時、そばに居た佐々木さんの奥さんが、口を開いた。「あのー、お客さん。ザシキワラシと出合っても、その姿が見える人と見えない人が居るそうです。ザシキワラシに会った人は、きっと良いことがあります。お客さんは、ザシキワラシに気に入られたんですよ」。男は奥さんの言葉に、ますますこんがらがったのか、なにやらぶつくさ、つぶやきながら食堂を出ていった。男のお客さんは、栃木県から来た植木屋さんで、「わらべ」は初めてだという。

最近、二階の部屋に泊まったお客さんの中から、こんな話をされたと夫妻が真顔で教えてくれた。夜中に、ひそひそと話し声や笑い声がしたり、階段をぱたぱたと上り下りする足音が、聞こえたりするという。また実際に赤い着物姿の子どもを、見た客も居るというのだ。「あの植木屋さん。嘘はついてませんよ」、奥さんは、きっぱりと言った。そうなると、4畳ほどの二階の小部屋に、ザシキワラシが住みついて居るということなのか。友人らは黙りこんだまま、顔を見合わせていた。

二階の小部屋が「ザシキワラシの間」と呼ばれ、客の間で何かと話題になることが多くなった。しかし僕は何度も「ザシキワラシの間」で眠ることがあったが、ザシキワラシに会えなかった。いつか出合うだろうと思っていたが、それもできなくなった。というのは、だんなの佐々木さんは持病が悪化し、奥さんが過労で倒れ、入院することもあった。

「二人とも、体がもちません。これ以上、みなさんに迷惑を掛けたくないのです」

沈痛な面持ちの夫妻を前に、僕は何も言えなかった。僕にとって「わらべ」は、30年もの長い間、大切な常宿だった。それだけ佐々木夫妻に、世話をかけたことにもなるのだ。

民宿「わらべ」が、惜しまれながら店を閉じ数年が経った。遠野方面へ出かけた時、ふっと大出に足を向けてしまうことがある。

熊とベゴの舌

何年前か忘れたが、季節は春で5月半ばだった。出かけた先は、西和賀の川。しかし、どこも水位が高く流れに、立ちこむのをためらった。まだ奥山の雪どけ水が、入りこんでいるようだ。雪国といわれる西和賀地方は、その年の積雪の深さや、雨の日数などで雪どけが、早まったり遅くなったりした。それで、そろそろ釣り時と読んでも、はずれることもあった。釣りが駄目なら、ミズバショウでも見て帰ろうと、南川舟の小坂から赤沢の上流へ車を向けた。崖際の林道をゆっくり進むと、周囲の山並みや森が淡い萌黄《もえぎ》色につつまれている。この辺り山あいの奥地なので、今が芽吹き時なのだ。林道の出っ張りを見つけ、そこに車を寄せた。林道脇からヤブをかき分けて行くと、薄暗い湿地の中に白い松明《たいまつ》みたいなミズバショウが、ほのかな明かりをともしていた。歩きながら林道沿いの湿地をのぞいていたら、地元の人なのか山菜採りの男と出会《でくわ》した。頭を下げたら、男が声を掛けてきた。

「べゴの舌、見んならよ。熊、気いつけな。寝床から起きてよ。べゴの舌食う熊がいるそうだ。食ってんのを見たっていう者から、聞いたんだ。俺は見たことねぇ」

彼はそれだけ言うと、すたすたと僕から離れていった。べゴとは牛のことで、ミズバショウを「べゴの舌」と言う人もいた。それにしても彼は、まことしやかに何を言っているんだ。熊がミズバショウを食うなんて、聞いたことがない。ミズバショウは毒草ではないか。僕をからかったのか。でも後になって冷静に考えてみると、あの男が言っていたことがどうにも気になった。実直そうな彼が僕に嘘をついて、何の得があるというのだ。

熊がべゴの舌を食う。これは一大事だ。とにかく、友人や知り合いらに聞いて回った。「そんな馬鹿な…」「いくら熊だってさ、食ったら死ぬんじゃねぇの」。熊がミズバショウを食うなんて話は誰もが、聞いたことはなく信じてもいないのだ。当然といえば、そうなのだが…。吹っ切れないまま、さらに山菜やキノコ採りで、山に入る人たちなどに問い掛けを広げていった。

そうこうするうちに、山歩きの好きな友人の一人が、又聞きだと前置きして元、熊撃《う》ちの猟師の話を伝えてくれた。その内容は、冬眠から目覚めた熊の中に、糞《ふん》詰まり解消のためミズバショウを食うことがあるというのだ。

ミズバショウの群生。熊が食べているところを一度でいいから見てみたい

熊が便秘のため、ミズバショウを食べる。そんな事って、あるのだろうか。ますます、こんがらがっていると、耳寄りな情報が飛びこんできた。それは雫石町で民宿を営む主人からで、著名な漫画家の物語の中に、熊がミズバショウを食べる場面が出てくるという。作者は自然界の動植物に対しての見識が深く、それらに関する著作も多いことで知られ、事実でもないことを描くことは、考えられないと彼が言った。しかし、便秘のためにミズバショウを食べるか、どうかはわからないようだ。僕

が拾い集めた情報から推測すると、理由は不明だがミズバショウを食べる熊はいるようだ。西和賀で会った男の、ベゴの舌を食う熊の話は嘘ではなかった。そう理解したら、その後のミズバショウを見る目が違ってきた。

湿地に入る前に、ザックや腰につけた熊よけの鈴をはずし、首には忘れずにデジカメを吊《つる》した。湿地に踏みこんだら、そっと辺りを見回し足音を殺して歩く。どこかに熊の足跡や噛《か》み切られたミズバショウはないか、目を皿にするのだ。

熊はこわい。それでも湿原の中に座って、ミズバショウを食ってる熊の姿を目撃したい。できればデジカメで撮りたい。そんな無茶なことを考えながら、湿地にもぐりこんで何年が経ったのだろう。また今年も、ベゴの舌を見に行くつもりだ。

幻の「打つ釣り」

この間、「道の駅」で、「ごまもち」「あんこもち」「くるみもち」などの中に、「じゅうねもち」を見つけた。じゅうねは「えごま」のことで、「十念《じゅうねん》」と呼ぶのが正しいようだ。迷わず、じゅうねもちを手にしていた。じゅうねもちの味には、懐かしさがこもっている。同時に子ども時代のある情景が、まざまざとよみがえってきた。

夏の日没前。「カナ、カナ、カナ」。周囲の林から、ヒグラシの鳴き声が届いていた。近所の子どもらが数人、北上川の川辺に集まってきた。その後から木箱を小脇に抱えた、4人の大人たちがやってきた。僕の父も、その中の一人だった。4人は川岸に横並びし、持ってきた木箱を椅子代わりにして座りこんだ。短い延竹の竿に糸を結び、釣りの支度に掛かった。小粒のハリは0・8から1・0センチほど、「ヒエ巻き」とか「赤星」といい、ハリ先に赤く色づけした物をくっつけてある。仕掛けを終えると父たちは、炒《い》ったじゅうねを口に含み、7、8センチの細長い竹筒をくわえて、竹筒からじゅうねを川面に吹き飛ばしはじめた。何度かじゅうねを撒《ま》き散らしているうちに、バシャバシャと水しぶきが立ち、ひしめく魚で川面が盛り上がった。

じゅうねは魚を寄せるためのもので、頃合いを見ていた4人はじゅうねを吹くのを止《や》め、延竹の竿につけた糸を、川面に打つように振りこんでいった。子どもらは、それぞれ自分の祖父《じい》さんや父の背後に、しゃがみこんで控えていた。と、魚が父たちの頭上を飛び越え、子どもらの前に落ちてきた。地面でバタバタしている魚を拾い上げ、ビクに入れるのが子どもらの役目なのだ。でも誰が釣り上げたのか、見分けなければならなかった。間違えて魚を拾うと、言い合いになることもあった。小さな赤いハリをじゅうねと勘違いして、食いついたハヤ、オイカワが次から次へと飛んできた。もたもたしていると、飛んで来た魚が体にぶつかった。通り雨みたいな、魚の食いだった。川面の光が消えたら、すーと魚のざわめきも途切れた。日暮れが迫っていた。子どもらはビクに入れた魚を数えはじめる。

この日、S君の祖父さんが1位だった。僕の父は3位で、がっかりした。「打つ釣り」は、釣り方がめんどうなのか、小学生の僕がやりたいと頼んでも、父は駄目の一点張りだった。

その代わりに父は、打つ釣りで余ったじゅうねを僕にくれた。日中でもじゅうねを撒く

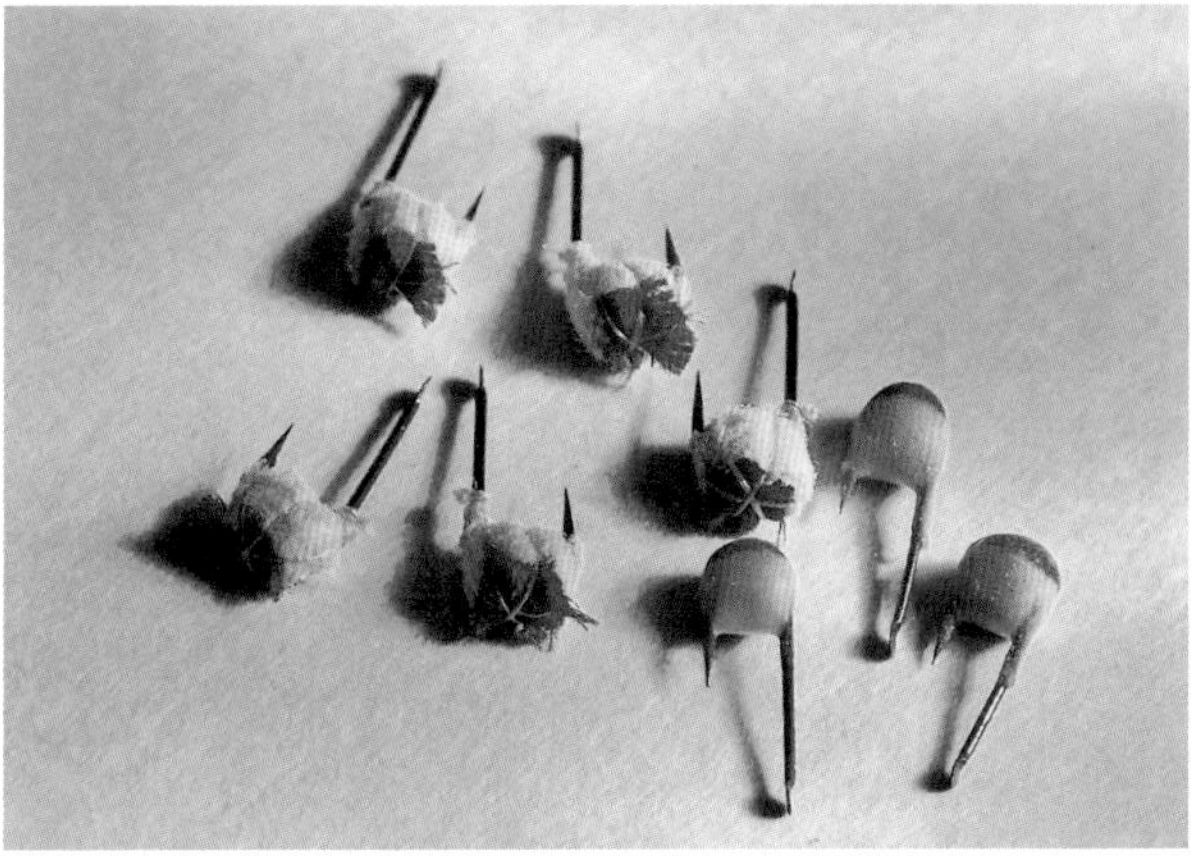

「打つ釣り」は「ヒエ巻き」とか「赤星」と呼ばれる小粒のハリを使う

と、川に立ちこみ毛バリを振る足元まで、ハヤ、オイカワが寄ってくることがあった。

そのうち川の環境が悪くなったのか、魚の寄りつく遠浅の打つ釣り場が、次第に減っていった。そして北上川の川べりから、打つ釣りの姿は消えた。

父の形見

まだ小学校に入らない子どもの僕を父は、自転車の荷台に乗っけて、よく川へ連れていってくれた。「いいか手、離すな。落ちたら痛ぇぞ」。乗る前に決まって父は、こわい顔つきで言った。道は石ころだらけの、でこぼこ道で、たまに自転車は大きく跳ね上がった。僕は振り落とされないよう、ずっと荷台にしがみついていた。木の橋を渡り、川の堤防に着くと父は自転車を止めた。土手を歩いて川岸に下りると、父は釣りの用意をはじめる。一度、僕が釣り竿をまたいだら、「バカヤロー、竿またいだら魚、釣れねぇんだ」、と怒鳴られた。何度か川へ行くうちに、「ハヤ」「オイカワ」「ナマズ」「コイ」など、父が釣り上げた魚の名を覚えてしまった。

コイが掛かると、竿先が折れそうに曲がりヒュー、ヒューと糸が鳴った。父は竿を両手で握りしめ腰を屈《かが》めて、踏ん張っていた。僕はどきどきしながら、父の姿を見つめていた。父は釣れたコイを、網目の袋に入れて背負った。自転車の荷台に乗ると、僕の目の前にコ

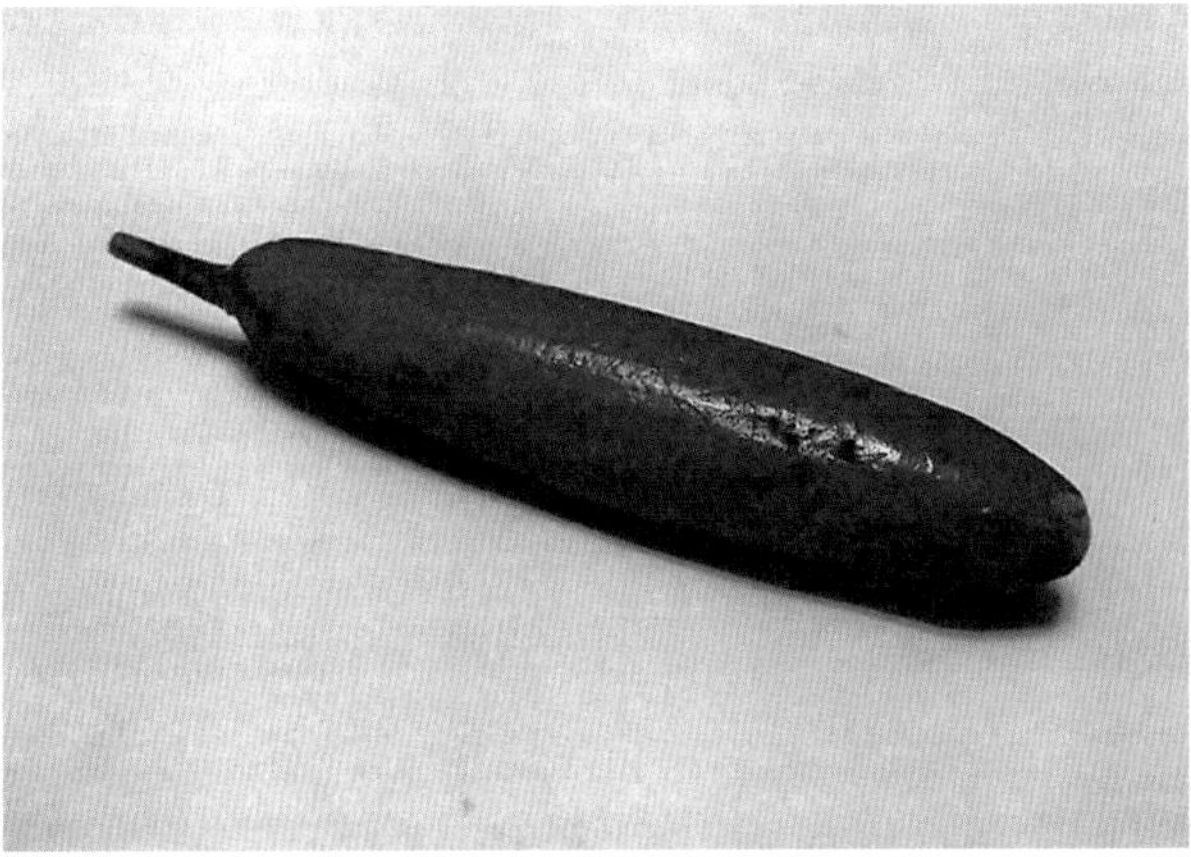

父が桐の枝で手作りした「唐辛子浮子」

イの顔があった。自転車が走り出したら、コイは網袋の中でバタバタと動き、ギョロリと目をむいた。それが怖くて僕は、コイと目を合わせないように家に着くまで、じっと目を閉じたままだった。

今になって思うと、川に行ってもただ、うろちょろするだけの息子が、あの短気な父にとっては、やっかいなお荷物ではなかったのか。もしかすると、僕を川に連れ出したのは、母の機嫌を取るための手段だったのでは…。

まぁ、何にせよ。当時、父と過ごした川での時間を、つまらないとか嫌だとは、思わなかったようだ。こわい父が、家で釣り道具をいじっていると、僕はそばに座りこむようになった。父は糸でハリを結んだり、板ナマリを切ったりして、こまごまな作業をやっていた。木を削って、何か作っていることもあった。

小学生になると、僕は糸でハリを結べたし、仕掛けもつくることができた。しかし高校を卒業し就職しても、僕の「山学校」に母の小言は絶えなかった。小学生の時、あれほど山学校をしかった父は、なぜか何も言わなくなった。僕が釣りにのめりこんでいったのは、自転車の荷台に乗せられ、父と川に行ったのがきっかけになっている気がする。釣りは見よう見まねで覚えたので、父から手取り足取り教えられたわけではないが、釣りの先生は誰かと聞かれたら、僕は父と答えるだろう。

先日、ごちゃまぜの釣り道具に紛れて、「唐辛子浮子《とうがらしうき》」とも呼ばれる、一本の真っ赤なウキが見つかった。見覚えがあった。桐《きり》の枝を削り、赤いクレヨンで色をつけ、溶かしたローソクで塗り固める。父の手づくりのウキだった。そうだ。高校生の時、軽くて当たりのよいウキが欲しいと、父にねだったことがあった。

コロナが収束したら、どっかの川で父の形見のウキを使い、魚を釣ってみたい。そんな日の来るのが、今から楽しみだ。

あとがき

中学生の時、図書館の棚に魚類図鑑を見つけ、氷河期の生き残りで川の上流域に生息するという、イワナを知った。家の近所の川で釣れるのは、ハヤ、オイカワ、ニゴイ、ナマズ、コイなどで、イワナを見たことは一度もなかった。イワナって、どんな魚なのだろう。いつの日か、この手で釣り上げてみたい。

20歳。新緑の6月に、列車からバスに乗り継ぎ、はじめて釣りの旅に出た。行き先は、秋田県と隣接する奥羽山脈の西和賀。陸中川尻（現在のほっとゆだ駅）の駅前からバスに乗り、旧沢内村の小坂で降りた。数戸の集落を通り抜けると、行く手に森が立ち塞《ふさ》がり、その中に一筋の踏み分け道が呑《の》みこまれていた。薄暗い木立の中を、ただひたすら歩き続けた。ふいに林が途切れて、明るい青空がのぞいた。足元から、かすかに川の水音が届いてくる。谷間を見下ろすと、岩の間を縫って青白い流れがきらめいていた。下りられそうな崖《がけ》の斜面から、樹木の枝にすがりつき、そろりそろり下った。汗だくになって、どうにか谷底に着いた。と、「ドドー、ザザー」。岩にぶつかり水しぶきを上げる、太い流れが目に飛びこんできた。まるで谷が吠《ほ》えているようだ。どきどきする胸が静まるのを待って、ザックから釣り竿を取り出した。エサのミミズをつけ、岩の間の流れに放りこんだ。とたん、「ググン、グー」。竿先が一気に引きこまれた。食った。「ゴン、ゴゴッ、ゴン」、右、左と川底を這《は》いずり回った。両手で竿を握りしめ、必死にこらえる。竿を立て、少しずつ魚を川岸に引き寄せた。何度も水しぶきが上がり、やっと岸辺の浅瀬に魚体が横たわった。急いで竿を離し、魚体におおいかぶさって両手で押さえつけた。みずみずしい薄茶色の魚体に、雪のような白点を散りばめている。これがイワナなのだ。口をぱくぱくし喘《あえ》いでいるイワナを前に、僕はへたりこんで荒い息を吐いていた。

この日が、「山学校・旅編」の始まりだった。それから何かに憑《つ》かれたかのように、西和賀の谷川通いが続いた。そして村人との出会いがあり、山菜、キノコ、山野草の話など様々なことを教えてもらった。奥羽山脈から始まった山学校の旅は、北上山地や沿岸の地域へと足を延ばしていった。これまで、いろんな土地を訪ねて見聞きしたこと、人々との触れ合いなどを文章にしてきた。

この「イーハトーブ山学校」は、岩手日報に連載された「村田久のひとくち話」を、改題しまとめたものです。早いもので僕の山学校は、60年ほど経ちました。そろそろ、卒業なのかも…。まぁ、それまで転ばぬよう足元を確かめながら、一歩ずつ歩いて行くつもりです。最後になりましたが、この本を手に取って下さった皆様。本当にありがとうございました。

コロナの一日も早い、収束を祈りつつ…。

令和3年3月

村田久

本書は２０１６年１月から２０２０年12月まで、岩手日報で毎月２回連載した「村田久のひとくち話」を再構成し、書き下ろしを追加して書籍化したものです。

●村田　久（むらた・ひさし）

エッセイスト、アウトドアインストラクターとして幅広く活躍。「あの谷の向こうに」「山を上るイワナ」（つり人社）、「新編　底なし淵」「イーハトーブ釣り倶楽部」(山と渓谷社)など著書多数。「家を抜け出し、川に佇(た)つ」（小学館）で2010年度岩手県芸術選奨受賞。1942年、北海道生まれ。一関市在住。

●幸山義昭（こうやま・よしあき）

グラフィックデザイナー、イラストレーター。桑沢デザイン研究所卒。CBS・ソニーレコードデザイン室に勤務後独立し広告制作会社を共同設立。趣味のキャンプや釣りで自然とふれ合ううちに森や川、そこにすむ魚の美しさや不思議さにひかれイラストレーションを描き始める。現在フリー。横浜市生まれ。

イーハトーブ山学校

発　行　　2021年4月16日 初版発行
発行者　　東根千万億
発行所　　岩手日報社
〒020-8622
岩手県盛岡市内丸3番7号
電話　019-601-4646
(コンテンツ事業部、平日9～17時)
オンラインショップ「岩手日報社の本」
https://books.iwate-np.co.jp/
印刷・製本　　山口北州印刷株式会社

ISBN978-4-87201-540-9
C0075　1300E